# 团体心理游戏 256 例

洪洁州　夏敏慧　李梓欣　著

人民邮电出版社

北　京

图书在版编目（CIP）数据

团体心理游戏256例 / 洪洁州，夏敏慧，李梓欣著
. -- 北京：人民邮电出版社，2023.2
ISBN 978-7-115-60147-6

Ⅰ. ①团… Ⅱ. ①洪… ②夏… ③李… Ⅲ. ①青少年
－心理健康－健康教育 Ⅳ. ①G444

中国版本图书馆CIP数据核字(2022)第180959号

## 内 容 提 要

心理游戏是一种在团体情境中提供心理帮助与指导的重要方式，它是通过团体内人际交互，促使个体在人际交往中通过观察、学习、体验、协作来认识自我、调整和改善与他人的关系、学习新的处事态度和行为方式，以发展良好的社会适应能力。

考虑到儿童和青少年的年龄和心理特点，心理游戏是一种帮助他们了解自己和心理健康知识的最好方式。本书基于心理课中的"心理线"逻辑，尽可能地为读者提供更多样化的活动形式和更具"心理味"的游戏，将心理游戏浓缩并提炼为32种形式和40个主题，并解析了这些心理游戏的基本原理和内涵，以帮助心理教师简化备课流程、减轻备课量，并在了解活动形式和心理游戏背后的原理后，举一反三地建构属于自己的备课模式。

本书可广泛应用于学校心理课、班会、团体辅导、户外拓展训练等类似场景的培训和教学设计，是学校心理教师、班主任、辅导员、社会工作者及培训师等必备的案头工具书。

◆ 著　　　洪洁州　夏敏慧　李梓欣
　责任编辑　黄海娜
　责任印制　彭志环
◆ 人民邮电出版社出版发行　　北京市丰台区成寿寺路 11 号
　邮编 100164　电子邮件 315@ptpress.com.cn
　网址 https://www.ptpress.com.cn
　北京世纪恒宇印刷有限公司印刷
◆ 开本：787×1092　1/16
　印张：16.75　　　　　　　　　　2023 年 2 月第 1 版
　字数：300 千字　　　　　　　　2025 年 8 月北京第 16 次印刷

定　价：79.00 元
读者服务热线：（010）81055656　印装质量热线：（010）81055316
反盗版热线：（010）81055315

# 本书赞誉

当我翻看这本书时，第一个感觉是惊喜与感动：惊喜于作者想我们之所想，感动于作者急我们之所急。第二个感觉是书中的内容实用且有趣：实用是因为本书根据团体动力的发展阶段进行设计，有趣则在于每个游戏既有常规玩法又有玩法变形。最后的感觉是温暖又贴心，对心理老师来说，心理老师成长联盟不仅是一座灯塔，更是一座宝库，这在本书中体现得淋漓尽致。

**王　雅**
- 心理健康教育教师、国家二级心理咨询师、国家亲子沟通培训师
- 华南师范大学大学生校外实践导师、中山市教育学会学校心理委员会副理事长
- 广东省第二届中小学心理教师专业能力大赛一等奖

心理老师常常为心理课上选择什么心理游戏而烦恼，而链接一线心理老师、注重分享和成长的心理老师成长联盟帮助我们解决了这一烦恼。心理老师很需要这本书。

**乔翠翠**
- 中学心理健康教育教师、心理咨询师
- "一师一优课"省级二等奖、市级一等奖

通过这本书的目录和主题索引，我们可以迅速找到相应的团体心理游戏，并借助这些团体心理游戏，使学生之间、师生之间产生更深的联结。感谢心理老师成长联盟，相信这本书可以给大家的工作带来很多灵感。我诚心向学校心理老师、心理咨询师、社会工作者、团体活动带领者、机构培训师等相关从业人员推荐本书。

翁卓祺

- 中学专职心理健康教育教师、心理咨询师
- 广东省心理学会心理咨询与治疗专业委员会成员

在心理课堂上，团体心理游戏可以让一个陌生的团体很快熟识起来。《团体心理游戏 256 例》是在丰厚的理论基础上，根据不同的教学线和心理线设计的，每个游戏都有具体的活动形式、适用学段、适用场地、解析、玩法变形和分享方向，这给心理老师们备课提供了很多思路。

李 宁

- 中学专职心理健康教育教师、家校合育主管
- 新疆克拉玛依市教育局心理微课大赛一等奖

《团体心理游戏 256 例》十分符合一线心理老师的需求，不仅条理清晰、主题突出，而且应用起来简洁明了、得心应手。感谢心理老师成长联盟一直在用心地了解心理老师的实际需求并提供各种干货，愿我们在心理健康教育工作之路上携手并肩、共同进步。

任 平

- 中学专职心理健康教育教师、心理咨询师、生涯规划师
- 广东省中小学心理健康教育活动课二等奖

心理课的课堂不同于以传授间接经验为主的其他学科的课堂，心理课注重激发学生获得直接经验，并将学生零散无序的体验整合成系统有序的经验。这就要求心理课在形式上以师生互动、生生互动的活动为主。《团体心理游戏 256 例》既有教学线，又有心理线，既有游戏

规则，又有分享方向，为心理老师们备课和授课提供了恰到好处的支持。

闫 芳

- 中学专职心理健康教育教师、学生发展中心副主任
- 山东省高中心理学科德育优秀课例二等奖、省学生生涯规划案例二等奖
- 《预见未来——高中生涯规划成长手册》副主编

有趣的团体活动有很多，好玩的团体游戏也不少，但好的团体心理游戏不仅有趣、好玩，还要能让学生在玩的过程中感受和体验人际间的互动、自我内在的变化等。本书既有经典游戏的再次"开发"，又有心理游戏的首次"登台"；既给出了游戏的玩法变形和分享方向，又提供了"我的教学感悟"书写练习。此外，本书对团体心理活动点到为止，重在提供"教学支架"，激活读者的思维能力和激发读者的实践能力。这正是心理老师或联盟一直注重引领心理老师"抱团成长"、自主成长理念的体现。

黄珊珊

- 中学专职心理健康教育教师、心理咨询师
- 广东省第三届中小学心理教师专业能力大赛高中组一等奖

《团体心理游戏256例》呈现了两条线，一是以钟志农老师的结构化团体四阶段为主线，二是以心理课常见主题为辅线。在这本书中，心理老师们可以根据课堂需要快速检索出所需的心理游戏，是一本非常有参考价值的心理老师案头工具书。

杨 翠

- 国家二级心理咨询师、家庭教育高级讲师
- 铁门关市心理名师工作室主持人、兵团级心理教师技能大赛评委

# 序　言

　　在中小学阶段，心理课的教学活动与其他学科的最大区别在于：心理课没有统一的教材和课程标准，也不存在可以直接套用的模式。此外，在备课量和上课的灵活性方面，心理课也无法与其他学科相比。

　　在与心理老师成长联盟的许多心理老师交流时，我们发现在心理课的教学设计中存在三类问题：第一类是心理老师把心理课上成游戏课，在课堂上进行一个又一个心理游戏；第二类是心理老师将心理课上成讲授大量心理学知识的心理学课；最后一类是心理老师先让学生做游戏，再生硬地进行"说教"。这三类心理课毫无"心理味"。所以，如何在减轻备课量的同时体现心理课的"心理味"，是当下大多数心理老师最渴望且努力实现的目标。

　　我们发现，要想准备一个有"心理味"的心理课，要同时解决两条线：一是"教学线"，即根据主题、学情和教学设计的理论基础，衍生出实现预设教学目标的教学思路；二是"心理线"，即基于团体动力的过程和教学思路的特点，选择合适的活动内容和活动形式以增加学生的体验和互动。心理课需同时完成教学线和心理线，这样才有"心理味"。

　　什么是心理味？简单来说就是心理老师通过心理游戏或活动使学生获得具身体验，以加深他们对某一主题的理解和感悟。例如，在以"珍惜时间"为主题的心理课中，有两位心理老师不约而同地设计了"感受时间"的环节，但呈现的方式不同。一位老师为了让学生知道每个人对时间的感受是不一样的，就让所有学生闭着眼睛 1 分钟，又站着默数 60 个数字。而另一位老师为了让学生具象地感受时间的流逝，让学生 2 人 1 组分别扮演时钟的时针和分针，2 个人根据老师的指令展示不同的时间。显然第二种方式更有"心理味"，因为第二种方式将抽象的时间通过具象化的方式呈现出来，将不易感知的时间变得可以体验，把无形的时间变成有形的身体变动更符合心理课倡导的"基于体验基础上的感悟和升华"这一理念。此外，在心理游戏的规则中，第二位老师通过分组的方式提升了学生参与的积极性和投入程度。

本书基于"心理线"的逻辑，在确定了心理老师要实现的教学目标和教学思路的前提下，尽可能地为读者提供更多样化的活动形式和更具心理味的心理游戏，以帮助心理老师简化备课流程、减轻备课量，并在了解活动形式和心理游戏背后的原理后，能够举一反三地建构属于自己的备课基本模式。不仅是心理老师，HR、培训师、团体活动带领者都可以在培训、教学或活动设计时参考本书中的心理游戏。

由于时间仓促，本书中的内容仍有许多待优化和补充的地方，如果其中未包含您想了解的心理游戏，或者您想推荐更好的心理游戏，请联系我们，未来我们会对这本书继续进行修订和优化。我们的宗旨是帮助心理老师更好地在心理健康教育工作的道路上进行探索和实践，我们的发展和进步离不开每位心理老师的支持，在此感谢大家的认可和包容。

青年心师讯 × 心理老师成长联盟

2023 年 1 月 1 日

# 目　录

# 主题索引

## 主题 3　人际关系

## 主题 4　自我意识

## 主题 8　备考或考试心理

## 主题 9　环境适应

## 主题 21　自律和自控

## 主题 22　创造性思维

## 主题 23　校园欺凌

## 主题 28 开学或复学

## 主题 29 疫情心理

## 主题 30 考后心理

## 主题 31  正念

## 主题 32  角色意识

## 主题 33  挫折教育

## 主题 34 偶像崇拜

## 主题 35 心理危机干预

## 主题 36 心理健康

## 主题 37 趣味心理

组织心理教学活动通常依据三个理论，即体验学习、建构主义学习理论和团体动力学。

钟志农认为，根据团体动力发展过程，一节心理课也会历经暖身阶段、转换阶段、工作阶段、结束阶段（见图1）[①]。因此，团体动力发展的这几个阶段可以作为心理课中解构心理线的依据，并据此在各个阶段匹配合适的活动形式和心理游戏。

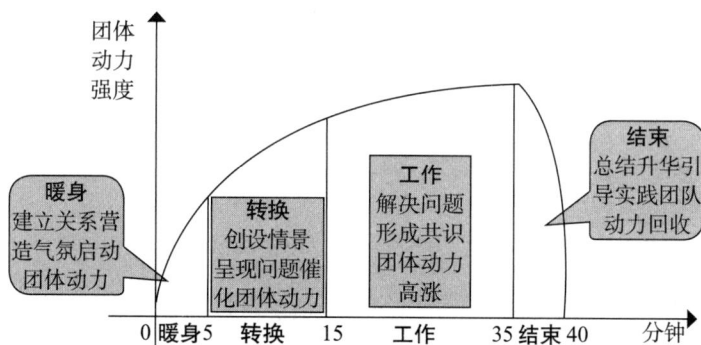

图 1　心理课的四个阶段

本书根据钟志农的团体动力发展的几个阶段来呈现各种心理游戏，并以服务和帮助心理老师备课和上课为宗旨进行编排和设计。

---

① 　钟志农.心理辅导活动课的微观发展进程研究［J］.中小学心理健康教育，2009，（3）：3.

## 如何快速找到合适的心理游戏

为了帮助心理老师快速找到合适的心理游戏，本书提供了两种检索方式：活动阶段和主题索引（见表 1）。

表 1　两种检索方式

| 检索逻辑 | 检索方式 |
| --- | --- |
| 活动阶段 | 根据活动阶段，通过目录查找相应的心理游戏 |
| 主题索引 | 根据心理课的主题，通过主题索引表查找相应的心理游戏 |

除了讲清楚每个游戏的规则，我们还提供了游戏的适用学段、适用场合和适用主题，以减少心理老师备课的时间。

## 解构心理游戏的原理和内涵

每个心理游戏都是基于某种活动形式的原理来设计的。心理课多采用团体辅导的形式进行，包括但不限于心理剧、竞赛、游戏等，本书集合了多达 32 种不同的活动形式，并解析了这些活动形式的基本原理和内涵。一旦心理老师掌握这些心理游戏的基本原理，就能灵活变化和设计心理游戏，实现心理课常上常新、常备常新的效果。心理老师可以通过以下两种方式深入了解每个心理游戏的设计和玩法变形原理。

### 活动形式介绍

每个心理游戏都归属于不同的活动形式，心理老师可以通过本书掌握每种活动形式的基本范式，并以具体游戏为例学习如何变换游戏规则，而不是仅仅记住每一个游戏的玩法。这样就可以摆脱对心理游戏素材的依赖，自行变换玩法，以满足各种心理教学主题。

### 玩法变形

除了游戏规则外，我们还为每个心理游戏提供了必要的补充说明。其中，玩法变形对该游戏适合哪些主题、如何变换游戏规则等进行了描述，以帮助心理老师掌握同一游戏的不同玩法。

## 灵活调整以满足不同的教学需求

团体心理游戏有很多，与其记住数不尽的游戏规则，不如掌握变换游戏规则的方法和原理。知其然，还要知其所以然，这样心理老师才能基于自己的教学需要灵活地变化和改编心理游戏。

为此，对于每个心理游戏我们都提供了解析、玩法变形和分享方向，心理老师可以通过玩法叠加，改变游戏规则、主题和分享方向等，对心理游戏进行灵活调整以满足不同的教学需求。

例如，很多心理老师在教学中会让学生做一个热身游戏：抓手指。这个游戏的一般玩法是当老师阅读一段文字（故事）时，如果出现了某些关键词，学生需要做出特定的反应，如用左手抓住旁边人的右手食指，同时避免自己的右手食指被右边的人抓到。游戏结束后老师基于学生成功抓握的次数进行总结和分享。针对同一个游戏，如果变换分享方向，则可以用在其他主题的心理课中。例如，在抓手指游戏结束后，有些心理老师引导学生思考游戏的过程，并问学生"你一共听到多少个关键词""你能说一说刚才老师读的故事的大意吗"。大多数学生会把注意力集中在如何抓和逃，而忽略了其他细节，这种分享就适合"学习心理"这一主题。

## 减少心理老师备课的时间

在上心理课时，没有统一的框架或模式可以让心理老师直接拿来用。严格来讲，每节心理课都需要心理老师根据学段、场地、环境等选择具体的教学内容和教学形式。本书基于团体动力和教学思路的心理线进行设计，可以极大地减少心理老师选择活动形式和游戏素材及备课的时间。心理老师可以借助本书提供的工具进行极简式备课，让心理课的备课"先做到，再做好"。

因此，本书提供了几种极简备课工具：一是极简备课表（见表 2），心理老师可以基于团体动力的发展阶段和活动形式选择合适的游戏，然后快速形成备课方案；二是心理备课自评表（见表 3），心理老师可以采用心理备课自评表辅助评估备课方案的设计是否合理，是否存在继续优化的空间；三是心理教学评价表（见表 4），在教学结束后，心理老师可以将心理教学评价表作为听课和评课的工具，以改进教学效果。

4 / 团体心理游戏 256 例

表 2　极简备课表

| 主题名称 | | 班级 | | 授课教师 | |
|---|---|---|---|---|---|
| 教学目标 | 认知目标：<br>情感目标：<br>行为目标： | | | | |
| | 教学思路拆解（详）→ | 教学思路（简） | | | |
| | 知（了解、认知）阶段 | 意（思考、行动）阶段 | 情（触动、感受）阶段 | | |
| 心理线 | 暖身（导入）阶段 | 转换（情境）、澄清主题、设计问题 | 工作（体验、操作、思考）阶段 | 结束（升华、收获）阶段 | |
| 团体任务 | 熟悉信任、必要分组、创设情景、启动体验 | 建立归属、澄清主题、激活体验 | 学生互动、感悟交流、解决问题 | 建构意义、评价反思、践行体验；告别、结束 | |
| 活动形式 | 身体触碰 | 自我分享与表达 | 案例分析 | 艺术性表达 | |
| | 动作反应 | 互相反馈 | 头脑风暴 | 个人收获分享 | |
| | 想象放松 | 信任 | 小组讨论 | 结束仪式感 | |
| | 音乐律动 | 沟通 | 书写练习 | 家庭作业 | |
| | 角色互换 | 冲突解决 | 引导式幻想 | | |
| | 接龙 | 重新检查目标 | 心理测试 | | |
| | 信息采访 | | 词句填空 | | |
| | 分组 | | 角色扮演 | | |
| | 自我介绍 | | 正念冥想 | | |
| | | | 问题辩论 | | |
| | | | 故事创作 | | |
| | | | 行为训练 | | |
| | | | 解难 | | |
| 备课方案 | 【活动名称】<br>【活动目标】<br>【教学重点与难点】<br>【活动过程】<br>1. 暖身与导入<br>2. 活动与体验<br>3. 交流与分享<br>4. 总结与延伸 | | | | |

表 3　心理备课自评表

| 可参考的评价维度 | | 评价及改进 |
|---|---|---|
| 活动目标 | 1.活动主题的切入点是否足够小而精，能够做到：<br>（1）没有晦涩难懂、含糊不清的表述，如"交往过密"<br>（2）没有歧义或有争论的表达，如"避免出现早恋现象"<br>（3）不使用长而复杂、大而空洞的句式，如"呼吁用实际行动为和谐的班级而努力" | |
| | 2.活动目标是否准确清晰，符合三维目标：<br>（1）认知目标——了解与理解<br>（2）情感目标——体验与感悟<br>（3）行为目标——尝试与学会 | |
| | 3.表述是否清晰，符合布鲁姆分类法［行为动词＋名词（学习内容）］的表述方式，例如，通过……（学习情境）能……（行为动词＋学习内容） | |
| 活动设计 | 1.活动选材：是否贴近学生的生活 | |
| | 2.活动意义：体验活动是否有意义、和生活有关联、对学生内心有触动，而不是仅仅在玩游戏 | |
| | 3.是否遵循心理课堂规律：体验式教学<br>暖身（导入）阶段——创设情景、启动体验<br>转换（情境、知识）阶段——设计问题、激活体验<br>工作（体验、操作、思考）阶段——感悟交流、解决问题<br>结束（收获、升华）阶段——评价反思、践行体验 | |
| | 4.活动过程：活动设计是否能层层递进和衔接，由浅入深，不是走流程、过于跳跃或有拼凑感 | |
| | 5.活动组织：<br>（1）是否考虑到学生的反应与突发应对准备<br>（2）是否理想化地期待学生的反应和认知<br>（3）是否引导学生分享真实感受，鼓励自我开放和情感表达 | |
| | 6.活动分享：为分享环节预留的时间是否充足，避免仓促总结 | |
| | 7.活动容量：各活动实施预估时间是否不超过总课时，时间是否分配合理 | |
| | 8.去学科化：活动设计是否有利于学生的心理感受和内心体验，没有学科化倾向 | |
| 活动难度 | 1.学生配合程度：是否适合学生的年龄水平，活动的设计对学生的配合程度要求是否过高 | |
| | 2.教师带领指导：活动对老师的带领和引导语的要求是否过高 | |
| 配套媒材 | 1.是否附上活动设计中引用的多媒体素材，并标注来源 | |
| | 2.PPT 课件配套教案是否无错误 | |

（续表）

| | 可参考的评价维度 | 评价及改进 |
|---|---|---|
| 引用来源 | 当借鉴他人的教案思路、素材、PPT 课件、活动等时，教案和课件中是否注明来源 | |
| 目标达成 | 1. 采用的活动设计和实施方式对达成目标是否起到了作用 | |
| | 2. 活动是否有价值观导向性的错误 | |
| 活动拓展 | 延伸作业的内容是否联系学生的实际生活，拓展、强化学生所获得的知识、态度和行为 | |

表 4　心理教学评价表

| 评价标准 | 具体要求 | 权重 | 评分 |
|---|---|---|---|
| 辅导理念基本正确 | 1. 主题符合学生的年龄水平，有针对性，没有盲目模仿<br>2. 正确理解主题和核心概念，无重大偏差<br>3. 能妥善引导教学中学生偏离主题的发言 | 15 | |
| 活动设计思路清晰 | 1. 整体设计富有创意，不抄袭和照搬现有参考资料<br>2. 活动形式活泼有效、不沉闷<br>3. 每一步都紧紧地围绕主题展开，层次清晰 | 20 | |
| 活动过程氛围和谐 | 1. 团体动力发展顺利，氛围和谐，学生参与的积极性高<br>2. 小组互动积极认真，分享内容有启发性和流露出真情实感<br>3. 遵守团体约束规范，现场有序 | 20 | |
| 辅导技巧运用得当 | 1. 教学态度和语言亲和力高，体现对学生的尊重<br>2. 注意倾听、关注、同感共情、重塑和具体化等技术的使用<br>3. 对学生的发言给予回应 | 25 | |
| 教学效果明显 | 1. 活动中学生情感参与度高，获得一定的感知和体验<br>2. 学生能基于体验有所领悟和提出解决自身困惑的对策，促进自我成长 | 15 | |
| 备课教案设计 | 环节包括主题、思路、目标、重点、难点、准备、辅导过程（包括各环节的设计意图）等 | 5 | |

读者可以直接用手机扫描下面的二维码下载上述三个表格。

表 2　极简备课表　　表 3　心理备课自评表　　表 4　心理教学评价表

## 了解心理课开课的政策依据

目前，并不是所有中小学都开设了心理课或其他相关课程，有的学校即便开设了心理课，课时量也不够。学校开设心理课后，一些心理老师对心理课该上什么、如何计划课时量等会感到无从下手。在这种情况下，心理老师可以参考心理课相关政策，快速了解目前国家和重点省、市在这方面出台的相关政策。（政策文件有时效性，读者要想获取最新的心理课相关政策文件，可关注"心理老师成长联盟"微信公众号并发送"心理政策文件"，即可获得最新的内容。此外，如果读者想了解更多关于如何规划和设计心理课课纲的内容，可以在"心理老师成长联盟"微信公众号上发送"课纲设计与解读 7 天训练营"以获取听课链接。）

01

# 暖身（导入）阶段

★　★　★

　　暖身（导入）阶段一般用时为 5 ~ 10 分钟。这个阶段的主要任务是通过暖身营造一种轻松、温暖的氛围，将学生带入当下的课堂中，调动学生参与团体活动的情绪和热情，让他们进行初步的互动并建立相互信任的关系。

　　暖身（导入）阶段选用的心理游戏最好和活动主题的目标有所关联，这样既能够达到建设团体心理场的目的，又能为教学目标服务，尽快引出主题。例如，在讲授竞争与合作这一主题时，心理老师可以选用"大树与松鼠"这一经典游戏，原因就是这个游戏本身很有趣，可以让学生之间有肢体的接触，同时游戏规则也体现了竞争与合作。

# 身体触碰

身体触碰游戏的设计原理是身心交互理论和人际距离理论，人与人之间的关系越近，人际距离也就越近。因此，通过增加肢体接触，可以缩短人与人之间的心理距离，让彼此尽快熟悉起来，建立基本的信任，从而达到破冰的效果。

身体触碰游戏需要考虑学生是否对不同性别之间的身体触碰行为有所顾虑。对于性别角色意识刚启蒙的小学高年级学生和处于对异性好奇和有好感的初中生，则需要心理老师结合具体情况灵活选择心理游戏或变化玩法。

## 1. 对掌推起

**活动形式**：身体触碰　　**适用学段**：普遍适用　　**适用场地**：团体辅导室（以下简称团辅室）或空旷场地

**适用主题**：亲子关系、人际关系、环境适应、校园欺凌、升学准备

**游戏规则**：

（1）老师将学生分成 2 人（A、B）1 组，每组学生面对面站立。

（2）A 的手掌与 B 的手掌相对，2 人用手掌相互推对方。

（3）老师提前告诉 A，在 B 不注意的情况下突然收回自己的力气，之后 2 人互换角色。

（4）总结。老师问学生"当对方把力气收回时，你感觉如何"并根据大家的回答进行总结。

**解析**：这个游戏可以帮助学生感受关系冲突和压力，并学会如何处理这种冲突。

**玩法变形**：增加游戏规则，如谁的脚先离开原来站立的位置谁就输。

**分享方向**：当我们与他人发生矛盾时，如果双方都不让步，矛盾就会激化，最后可能导致不好的结果发生。

我的教学感悟

## 2. 抱团取暖

**活动形式**：身体触碰　　　**适用学段**：小学高年级　　　**适用场地**：户外或空旷场地

**适用主题**：性教育

**游戏规则**：

（1）所有学生围成一个圆圈并按逆时针或顺时针方向走动，老师随机说出一个数字，如 6，6 个人就迅速抱在一起，连续进行 5 轮。

（2）每轮游戏结束后，老师采访"落单"的学生，如"你为什么没有和那边的女生组团，她们刚好缺一个人"。

（3）总结。老师根据采访结果进行总结。

**解析**：作为暖身活动，这个游戏旨在让学生在心理课开始前动起来。此外，老师要注意游戏过程中学生的安全问题。

**玩法变形**：变换游戏规则，如一个女生代表 1 块钱，一个男生代表 5 毛钱，当老师说出一个金额时，大家根据自己代表的"面值"抱团组成老师说的金额，没有完成任务的学生被淘汰。

**分享方向**：通过这个游戏，老师可能会发现一个有趣的现象，即大家会自动分为男生组和女生组；大部分人不愿意和异性组团，老师可以询问大家原因，之后讲解与异性交往、性心理相关的知识；在分享的时候，老师需要仔细观察游戏过程中大家的表现，并根据主题对游戏情况给出说明和反馈。

我的教学感悟

## 3. 互助起身

**活动形式**：身体触碰、解难　　　**适用学段**：初中　　　**适用场地**：户外或空旷场地

**适用主题**：人际关系、角色意识

**游戏规则**：

（1）老师将学生分成 2 人 1 组，每组学生背对背坐在地上，从背后挽住对方的手臂，互

相借用对方的后背一起站起来。

（2）成功站起来的小组可以两两合作，即 4 个人一起做这个游戏，以此类推。

（3）总结。老师问学生"你觉得借对方的力能否站起来""在完成任务的过程中你有什么感想"，并根据大家的回答进行总结。

**解析：**如果男生和女生不希望有身体方面的接触，可以分为男生组和女生组。

**玩法变形：**增加游戏规则，如与问题抢答、任务完成等结合起来（如小组互助站起来后，合力运球成功者获得回答问题的优先权）。

**分享方向：**当一个任务需要大家合作才能完成时，如何发挥大家的协作能力、沟通能力及执行能力。

> 我的教学感悟

## 4. 打开双手

**活动形式：**身体触碰、解难　　**适用学段：**普遍适用　　**适用场地：**教室

**适用主题：**学习心理（学习方法或策略）、环境适应、升学准备

**游戏规则：**

（1）老师将学生分成 2 人 1 组，2 人同时伸出右手并握成拳头，2 人互相尝试打开对方的拳头，各限时 1 分钟。

（2）双方同时尝试打开对方的拳头，限时 1 分钟。

（3）总结。老师问学生"在打开对方拳头时你使用了哪些方法""这对我们的学习和生活有什么启发"，并根据大家的回答进行总结。

**解析：**打开对方的拳头不一定要使用蛮力，当遇到无法解决的难题时，我们可以换一个角度看问题，这样就有可能找到解决问题的办法。

**玩法变形：**你可以自由发挥自己的创意。

**分享方向：**这个游戏告诉我们打开对方拳头的方法有很多，同理，针对某一个问题的解决方法也有很多。

我的教学感悟

## 5. 来击掌吧

**活动形式：** 身体触碰、音乐律动

**适用学段：** 小学低年级　　**适用场地：** 团辅室

**适用主题：** 学习心理（学习态度）、备考或考试心理（考前焦虑）、环境适应、积极心理、梦想教育、升学准备

**游戏规则：**

（1）所有人站成一列并把双手搭在前面的人的肩膀上，扮演一列火车，老师站在最前面，扮演火车头。

（2）老师转身向后，与身后的学生（即第二个人）击掌，然后继续向后移动，与第三个人击掌，在老师与第三个人击掌后，第二个人也转身与第三个人击掌，以此类推。

（3）随着整个队伍向后移动，直至所有人都互相击掌为止。

（4）总结。老师问大家"击完掌后你感觉如何"，并根据大家的回答进行总结。

**解析：** 考试也是需要一个团队（全班同学）共同完成的重要任务，当大家互相打气、为对方加油时，就会感觉信心满满。

**玩法变形：** 老师可以在击掌的时候打招呼或喊口号，如"早上好""你好吗""加油"等，以激励大家或增强团队的凝聚力。

**分享方向：** 有时自我鼓励也可以提升我们的自信心。

我的教学感悟

# 6. 松鼠搬家

**活动形式：** 身体触碰、角色互换

**适用学段：** 小学高年级　　**适用场地：** 户外或空旷场地

**适用主题：** 自我意识、情绪心理、环境适应、挫折教育、升学准备

**游戏规则：**

（1）老师将学生分为 3 人 1 组，其中 2 人扮演樵夫并举起双手指尖互相接触代表小木屋，第三个人扮演松鼠，松鼠要蹲在木屋里。

（2）大家根据老师的指令进行变化。例如，老师说"松鼠搬家"——所有松鼠换到其他木屋里；老师说"樵夫砍柴"——组成木屋的 2 人需要分开，寻找其他樵夫搭建新木屋，此时松鼠也要重新找木屋；老师说"森林大火"——樵夫与松鼠互换角色。

（3）在游戏开始前，老师可以安排 2 人作为无家可归的松鼠，这样就会淘汰 2 人。老师也可以通过变换指令、变换说指令的速度等增加游戏的趣味性。

（4）总结。老师问大家"在扮演不同的角色时，你的心态和情绪如何""当被淘汰时，你的心情如何"，并根据大家的回答进行总结。

**解析：** 这个游戏可以适用于不同的主题，老师应选择空旷的场地开展游戏，便于学生跑动。

**玩法变形：** 被淘汰者手拉手围成一个圆圈，围成圆圈的人可以随意走动，但不能松手，圆圈内的人不能触碰被淘汰者，否则也被淘汰，随着淘汰的人越来越多，圆圈越来越大，游戏的难度也随之加大。

**分享方向：** 我们要学会时刻觉察自己的状态和情绪，当我们感觉与平时不一样，或者自己的状态和情绪异常时，要进行适当的调整。

---

我的教学感悟

# 动作反应

动作反应指学生跟随老师的指令迅速做出或停止某种特定的动作。动作反应游戏需要参与者的注意力高度集中，让身体适度紧张起来，老师可以借此提升学生的身体和心理唤醒水平。动作反应活动分为以下三种。

- 正向指令控制反应，指学生按照指令做出动作。例如，"我说你做"游戏，老师说"举手"，学生就举手。

- 反向诡计控制反应，指学生做出与指令相反的动作，控制自己的反应冲动。例如，"我说你不做"游戏，老师说"举左手"，学生举右手。

- 指令排除反应，指将上述两种指令和反应进行叠加。例如，当听到老师的某个指令时，学生要做出正向的反应；当听到另外一个指令时，要做出相反的反应；除此之外的其他指令，则不做任何反应。

## 7. 我的彩虹人生

**活动形式：**动作反应　　**适用学段：**小学高年级　　**适用场地：**户外或空旷场地
**适用主题：**生涯规划、情绪心理（情绪觉察）、网络成瘾、自律自控（自我控制）
**游戏规则：**

老师让所有学生围成一个圆圈，大家左手手心向下，右手食指顶住旁边同学的左手手心，老师朗读诗歌《彩虹人生》（如下所示），当听到老师读到数字时，大家要抓住左边同学的手指，同时要避免被右边的同学抓到，最后根据诗歌中提到的 15、25、45、65 进行畅想与讨论。

### 彩虹人生

自从我呱呱坠地的那一刻，我的人生就充满了各种颜色。

3 岁是天真无邪的粉红色，我对世界上的一切都充满好奇和期待。

8 岁是茁壮成长的青绿色，我正在努力地向上成长，希望获得更多的知识和力量，想成为一个大人。

15 岁是桃花般的嫣红，我开始有各种想法，正在成为一个独特的我。

25 岁是鲜艳明亮的黄色，我已经成年，而且有明确的方向，希望发挥自己的才能。

45 岁是低调但绚丽的紫色，无论是事业还是家庭都已经逐渐稳定，我喜欢这种状态。

65 岁是夕阳般的橙色，回顾我的一生，或许有一些遗憾，但更多的是美好的记忆。

**解析：**这个游戏可以适配很多主题，老师可以根据不同的主题对这个游戏进行调整。

**玩法变形：**老师可以根据不同的主题将诗歌更换为歌曲或文章，比如当老师读到或唱到"情绪"一词时学生开始抓手指；也可以播放歌曲，当歌曲暂停时大家开始抓手指。

**分享方向：**你刚刚听到了哪几个数字？这几个数字让你联想到什么？试着想象自己 15 岁、25 岁、45 岁和 65 岁时的样子，你会做什么。老师根据大家的回答进行总结和分享。

我的教学感悟

# 8. 奏响敲击乐

**活动形式：**动作反应　　　**适用学段：**普遍适用　　　**适用场地：**教室

**适用主题：**情绪心理、自律自控（专注力）、趣味心理

**游戏规则：**

（1）老师让学生随意做出一些肢体动作以发出声响。

（2）老师告诉学生不同的声音代表不同的天气，如搓手代表微风、双手打响指代表小雨、鼓掌代表大雨、踩脚加拍桌子代表狂风暴雨。

（3）让学生选择自己喜欢或擅长的方式（上述四种）发出声音，最后学生根据老师的指令发出声音，如按照微风、小雨、大雨、狂风暴雨的顺序或者反过来。

（4）总结。老师问大家"你选择发出哪种声音""你是否能跟上大家的节奏"，并根据大家的回答进行总结。

**解析：**这个游戏对场地的要求不高，适合作为活跃气氛的破冰活动。

**玩法变形：**

（1）老师可以将学生分成四组，每组代表一种天气，当老师喊出某种天气时，相应的小

组成员就发出声音，老师的指令可以由慢到快，由规律指令到不规律指令。

（2）老师讲明游戏规则后，引导学生按照微风、小雨、大雨、狂风暴雨或者反过来的顺序发出相应的声音，代表情绪的变化。

（3）老师讲明动作指令后，由学生分享"我的一天"并描述这一天发生在自己身上的事情，其他人认真聆听并分析和判断讲话者的情绪，然后做出相应的动作。

**分享方向：**老师可以从这个游戏中引申出团结和从众心理等主题。

我的教学感悟

## 9. 把错说出来

**活动形式：**动作反应　　**适用学段：**小学低年级　　**适用场地：**户外或空旷场地

**适用主题：**亲子关系、人际关系、备考或考试心理、考前压力应对、考后心理、挫折教育

**游戏规则：**

（1）老师将学生分成两组，两组学生并排站成两列；老师喊出指令，学生根据数字完成指令，如1代表向左转，2代表向右转，3代表向前走一步，4代表向后退一步。

（2）老师喊指令并观察学生的表现，如果有学生做错，则需举起右手，并大声说出"对不起，我错了"。

（3）总结。老师问大家"你是否能跟上老师的指令""你是否做错"，并根据大家的回答进行总结。

**解析：**每个人都会犯错，只要勇于面对并承认错误，就是负责任的表现。

**玩法变形：**

（1）老师可以通过加快喊指令的速度、设置干扰指令（如第一列第三个人、第二列第一个人）、增加指令（如5代表向上跳、6代表蹲下）等提高游戏的难度和适用学段。

（2）允许每组最多犯10次错误，给小组成员施压，以适配不同的主题，分享重点是如何看待自己在团队中犯错或团队中有人犯错。

（3）如果场地有限，老师可以调整指令，如改成站立状态动作（如拍手、摇头等）。

**分享方向：**每个人都会犯错，如何看待所犯的错误是分享的重点。

> 我的教学感悟

## 10. 大风吹

**活动形式：**动作反应　　**适用学段：**普遍适用　　**适用场地：**户外或空旷场地

**适用主题：**自我意识、性教育、环境适应

**游戏规则：**

（1）老师提前准备一些凳子（数量比总人数少一个），把凳子摆成一个圆圈，大家站在中间，老师发出"开始"的指令后学生开始找凳子坐下，没找到凳子的学生继续站在中间。

（2）站在中间的学生说"大风吹"，坐在凳子上的学生问"吹什么"，中间的学生观察一下大家并说出一种特征，如"长头发的人"，有该特征的学生要互换位置。

（3）需要换位子的人要尽快找其他凳子坐下，站在中间的学生可以趁机找到凳子并坐下，没有找到凳子的学生站在中间接着说"大风吹"，以此类推。

（4）总结。老师问大家"这个游戏带给你的启发是什么"，并根据大家的回答进行总结。

**解析：**这个游戏能调动学生的积极性，活跃课堂气氛，但老师需提醒大家在玩游戏的过程中注意安全。

**玩法变形：**增加游戏规则，中间的学生发出的指令可以包括多个特征，如"穿运动鞋、戴眼镜的男生"，或者加一些形容词，如"长头发、爱笑的女生"。

**分享方向：**我们要用心观察别人的特点，此外当遇到危险的时候，我们的反应要迅速。

> 我的教学感悟

# 11. 西门说

**活动形式：**动作反应　　**适用学段：**普遍适用　　**适用场地：**教室

**适用主题：**备考或考试心理（考试方法）、偶像崇拜

**游戏规则：**

（1）如果老师说的某个动作前面加了"西门说"，那么所有人必须做出相应的动作，如果老师说的某个动作前面没有加"西门说"，那么所有人都不能动。例如，老师说"西门说拍手"，那么所有人都要拍手。

（2）老师越说越快，并且每次都有"西门说"，等学生习惯了这个指令后，老师可以将"西门说"随机去掉，如果有人做错，则被淘汰。

（3）总结。老师问大家"你是否能跟上指令""你的反应速度如何"，并根据大家的回答进行总结。

**解析：**这个游戏对场地及材料的要求不高，适用性广；也可分组进行，由小组轮流派代表发出指令。

**玩法变形：**变换主题，如可以把"西门说"换成"偶像说""老师说"等，说的内容可以根据主题进行变换（如"原地倒立"），让参与者自行判断对错或自己能否做到，如果是对的（或自己能做到）就跟着做，如果是错的（或自己不能做到）则不动。

**分享方向：**让学生体验在紧张的情况下是否能保持头脑清醒，这与考试过程中的审题类似。

我的教学感悟

# 12. 反着来做

**活动形式：**动作反应　　**适用学段：**小学高年级　　**适用场地：**教室

**适用主题：**备考或考试心理（考试方法）、心理委员、自律自控（自控力）

**游戏规则：**

（1）老师说指令，学生根据指令做出相反的动作。例如，老师说"举起右手"，学生需要

举起左手，做错的学生被淘汰。

（2）老师可以先重复同一个指令，然后突然变换指令或者加快语速，以增加游戏的难度。

（3）总结。老师问大家"你是否能跟上指令""你的反应速度如何"，并根据大家的回答进行总结。

**解析**：这个游戏对场地和材料的要求不高，适用性广；也可以分组进行，由小组轮流派代表发出指令。

**玩法变形**：变换主题（如自控力），当老师说出指令后，停止30秒，在没有任何提醒的情况下看学生是否能保持指令中的动作，没有保持动作的学生被淘汰。

**分享方向**：这个游戏可以让学生体会到考试时自己是否认真审题，如题目是要求选择正确的选项还是选择错误的选项。

---

我的教学感悟

---

## 13. 生命无第二次

**活动形式**：动作反应　　**适用学段**：小学高年级　　**适用场地**：团辅室

**适用主题**：生命教育

**游戏规则**：

（1）所有学生围成一个圆圈，老师随机选2人（A、B），A的手做射击状指向B并说"砰"。

（2）B做出受伤的动作（双臂交叉放在胸前），B两侧的同学高举双手说"哇"。

（3）接下来，B的手做射击状指向另一个人并说"砰"，以此类推。

（4）如果有人没有及时做出反应，则被淘汰，被淘汰者只能在外围观看其他人玩游戏。

（5）最后获胜的学生可以享受老师提前准备的小零食，被淘汰的学生只能在一旁看着。

（6）总结。老师问被淘汰者"看着大家开心地玩游戏和吃零食，你有什么感想"，并根据大家的回答进行总结。

**解析**：有些学生受网络游戏的影响，认为人死后还可以"复活"，对此老师要进行教育和给予正确的引导。

**玩法变形：**变换主题，作为新入学学生的破冰活动。

**分享方向：**这个游戏的分享方向可以是虚拟游戏与现实生活的区别，如生命的珍贵和生命不可重来。

我的教学感悟

## 14. 谁最能忍

**活动形式：**动作反应　　**适用学段：**普遍适用　　**适用场地：**团辅室

**适用主题：**自律自控（自我控制或意志力）、人格特质（心理弹性）、考后心理、挫折教育

**游戏规则：**

（1）老师将学生分成2组，第一组学生围成一个圆圈，第二组学生分别站在第一组学生的身后，2组学生都面朝圆心，第二组学生后退三步。

（2）老师喊"开始"后，第一组学生向后转，第一组学生与第二组学生两两相对；老师倒数30秒，大家尽可能地把对面的人逗笑，但自己不能笑，先笑的学生被淘汰。剩下的学生再分成2组，这次第二组学生向后退两步，继续按照上述游戏规则进行。剩下的学生再分成2组，这次第一组学生向前走一步，继续按照上述游戏规则进行。

（3）最后，没被淘汰的学生按照以上游戏规则进行两两对决，坚持到最后的学生获胜。

（4）总结。老师问大家"你是用什么方法逗对方笑的""当被淘汰时，你的心情如何"，并根据大家的回答进行总结。

**解析：**这个游戏可以视参与人数的多少增设观察员，因为大家在逗对方笑的过程中，很容易自己也跟着笑。

**玩法变形：**

（1）减少大家互相逗对方笑的时间，以提高游戏的适用学段。

（2）这个游戏可以适配很多主题，如考后心理、挫折教育等。

**分享方向：**当我们内心有坚定的目标和信念的时候，外界的干扰就不会轻易对我们产生

影响。

我的教学感悟

## 15. 职业萝卜蹲

**活动形式：** 动作反应 **适用学段：** 小学低年级 **适用场地：** 团辅室

**适用主题：** 生涯规划、人际关系、价值观、目标管理、智力开发（记忆力）

**游戏规则：**

（1）老师根据学生的数量进行分组，每个学生选择一种职业，并且在 3 分钟内熟悉组内其他同学所选的职业。

（2）进行萝卜蹲游戏，接不上或者说错职业名称的学生被淘汰。

（3）总结。老师询问大家对所选职业的了解程度，并根据大家的回答进行总结。

**解析：** 这个游戏比较简单，可以让学生初步了解和认识不同类型的职业。

**玩法变形：**

（1）变换主题，如把职业替换成目标等。

（2）提高游戏难度以适配较高学段的学生，如几个人选择同一个职业。

**分享方向：** 这个游戏可以让学生了解职业的种类有很多，进而讨论自己以后的梦想或想从事的职业。

我的教学感悟

## 16. 猜拳棒棒锤

**活动形式：**动作反应　　**适用学段：**普遍适用　　**适用场地：**教室

**适用主题：**压力应对、感恩教育、校园欺凌、应激反应、开学或复学、挫折教育

**游戏规则：**

（1）老师将学生分成 2 人 1 组，各组学生分别站在桌子的两边，桌子中间放一个纸棒，猜拳获胜的学生拿起纸棒敲打对面的学生（要注意避开头部），游戏持续 3 分钟。

（2）老师询问大家的感受，是否希望继续游戏，如果继续则重新分组，如果不继续则游戏结束。

（3）总结。老师问大家"被打时你的感受如何""当你猜拳赢了，你的想法和感受又如何"，并根据大家的回答进行总结。

**解析：**老师要提醒学生，用纸棒敲打他人时要注意掌握好力度，以免伤到对方。

**玩法变形：**变换主题（感恩教育、开学或复学等），如猜拳获胜的人要张开双臂主动拥抱输的人。

**分享方向：**当我们有意或无意攻击他人时，可能会给对方带来很大的伤害；此外，当我们在校园里看到有欺凌行为发生时，应该及时劝阻或者寻求外援。

我的教学感悟

## 17. 为错误买单

**活动形式：**动作反应　　**适用学段：**小学低年级　　**适用场地：**团辅室

**适用主题：**人际关系、情绪心理、价值观、人格特质（性格）、角色意识

**游戏规则：**

（1）老师将学生分成 4 人 1 组，每组中的其中 2 人面对面站着，另外 2 人与他们相邻且面对面蹲着，同侧站着的人和蹲着的人属于同一个阵营。

（2）站着的 2 人玩石头剪刀布，获胜阵营蹲着的人刮一下失败阵营蹲着的人的鼻子，然

后失败阵营的 2 人互换位置，即站着的学生蹲着、蹲着的学生站着。

（3）规则同上，以此类推，限时 10 分钟。

（4）总结。老师问大家"在生活中，你有过替他人'背锅'的经历吗，当时你的心情如何""如果是你导致他人'背锅'，你的心情又如何"，并根据大家的回答进行总结。

**解析：**老师需要提醒大家掌握好刮鼻子的力度，避免过度用力。

**玩法变形：**你可以自由发挥自己的创意。

**分享方向：**老师可以通过这个游戏引导学生学会换位思考。

---

我的教学感悟

---

# 18. 幕布后是谁

**活动形式：**动作反应　　**适用学段：**普遍适用　　**适用场地：**团辅室

**适用主题：**开学或复学、升学准备

**游戏规则：**

（1）老师从学生中选出 1~2 名小助手，并将剩下的学生分成 2 组，2 组学生面对面站立，如果人数较多，可以多分几个组（组数为双数）并轮流进行。大家站好后，挨个说出自己的名字、绰号或者昵称。

（2）把一块幕布放在 2 组学生中间，小助手和老师从两头拉起幕布，把 2 组学生隔开，让他们看不到彼此。

（3）从 2 组学生中各选 1 人并隔着幕布面对面蹲着，小助手喊出"1、2、3"后放下幕布，蹲着的 2 人喊出对方的名字（需与游戏前自我介绍的名字一致），最快喊出对方名字者有权将对面的学生收入自己的小组中。

（4）从 2 组学生中各选 1 人并隔着幕布背对背蹲着，小助手喊出"1、2、3"后放下幕布，组内的其他学生分别向蹲着的学生提示对方的名字（但不能直接说出答案），最快喊出对方名字者有权将对面的学生收入自己的小组中。

（5）游戏按上述两种形式交替进行，直到其中一组少于 3 人时停止。

（6）总结。老师问大家"你能喊出对方的名字吗""你没能很快喊出对方名字的原因是什么，是不熟悉还是没反应过来"，并根据大家的回答进行总结。

**解析：** 这个游戏可用于刚复学和开学时，学生之间可能会因为长时间不见面变得生疏，这个游戏能让大家尽快进入集体的状态；也适用于即将毕业的学生，讲述与离别相关的主题。

**玩法变形：**

（1）增加游戏难度，如从每组中分别选出 2～3 人同时进行。

（2）变换场地和游戏规则，如游戏可以以扔球的方式进行，大家在把球扔给他人之前需喊出对方的名字，并且每个人不能重复把球扔给同一个人。

**分享方向：** 老师可以在大家玩游戏过程中认真观察每个人的表现，并根据自己的观察进行分享。

---

**我的教学感悟**


---

## 19. 你喜欢我吗

**活动形式：** 动作反应、角色互换　　**适用学段：** 小学低年级　　**适用场地：** 团辅室
**适用主题：** 人际关系、性教育（异性交往）

**游戏规则：**

（1）老师将学生分成几组，每组约 10 人，各组先选出 1 人，其他人围成 1 个圆圈并坐下，选出的人站在圆圈中间。

（2）站在中间的学生走到每一个人面前说"嗨，你喜欢我吗？如果你喜欢我，可以给我一个微笑吗"，并想办法让对方笑，逗对方笑的时候不能触碰对方。

（3）被问到的学生可以回答"我很喜欢你，但是我不可以微笑"，如果有学生忍不住笑了，就与站在中间的人互换位置，开始新一轮的游戏。

（4）分享。老师问大家"当你不想笑的时候，你在想什么""当你的请求被拒绝的时候，你有什么感受"，并根据大家的回答进行总结。

**解析：** 通过这个简单的游戏，可以让大家学会如何委婉地拒绝别人。

玩法变形：设置对照组，一组学生委婉地拒绝，另外一组学生粗暴地拒绝，如"我为什么要对你笑"，游戏结束后邀请他们分别分享自己的感受。

分享方向：拒绝他人需要一定的勇气，但我们不能因为对方向我们示好就答应对方的请求；当我们的内心不愿意时，可以拒绝他人的请求。

> 我的教学感悟

## 20. 互换名字

**活动形式**：动作反应、接龙　　**适用学段**：普遍适用　　**适用场地**：团辅室

**适用主题**：智力开发（记忆力）、应激反应

**游戏规则**：

（1）老师将学生分成几组，每组成员围成 1 个圆圈并坐下。老师设置一个主题（如动物），学生为自己取一个与这个主题相关的名字（如狮子，但不能重复），并轮流对自己的新名字进行介绍，同时记住组内其他人的新名字。

（2）每组选 1 人坐在中间，其他组员合唱一首大家都会唱的歌曲，其间坐在中间的人突然喊出 1 人的新名字，被喊到的人要快速说出坐在自己右边的同学的新名字，如果 3 秒内回答不上来，则与中间的学生互换位置。

（3）总结。老师问大家"刚刚被喊到时你是否立马反应过来""你认为自己的专注力会受到哪些因素的影响"，并根据大家的回答进行总结。

**解析**：这个游戏可以提升学生的记忆力和专注力。

**玩法变形**：

（1）变换团体阶段，如将这个游戏用于团体结束阶段，巩固大家的记忆效果。

（2）变换主题，如根据活动主题变化新名字的类别，如职业、情绪等。

**分享方向**：为了避免一些学生在游戏刚开始时不熟悉他人的新名字而产生挫败感，老师在分享时可以侧重于大家在玩游戏过程中的感受、体验及如何解决这一问题。

我的教学感悟

## 21. 我们初见面

**活动形式**：动作反应、音乐律动　　**适用学段**：初中　　**适用场地**：教室

**适用主题**：环境适应、开学或复学

**游戏规则**：

（1）老师带领学生做手指操［大拇指见面点点头，食指见面挥挥手，中指见面鞠个躬，无名指见面碰碰头，小指见面勾勾手，我们都是一家人（双手掌心相对握手）］，做完后十指交叉握在胸前，然后老师让学生松开双手，再连续做三次十指交叉的动作，最后看看是哪只手的拇指在最上面，让大家试着把另一只手的拇指放在最上面，体会一下是什么感觉。

（2）总结。习惯的力量很强大，当我们习惯了其中一种十指交叉的方式时，突然换一种方式就会感到不习惯，就像大家进入陌生的环境一样，需要时间去适应。

**解析**：老师可以通过这个游戏让学生感受到习惯的力量，进而讲解与适应和改变相关的内容；这个游戏适用于新入学学生之间相互熟悉，既能活跃课堂气氛，又能激发学生积极参与后续活动的兴趣。

**玩法变形**：你可以自由发挥自己的创意。

**分享方向**：这个游戏可以作为暖场活动，老师总结完后再讲授与主题相关的内容。

我的教学感悟

# 想象放松

想象放松是指学生闭上眼睛，跟随音频或老师的指导语进行身体放松训练或者做一些开放结果想象。身体放松训练一般包括肢体想象放松和呼吸动作放松，可用于缓解考试焦虑、害怕、紧张、心理危机干预时的身体僵化等。开放结果的想象可用于人际交往中的社交行为想象练习。

《我们赖以生存的意义》一书的作者本杰明·伯根说过，人完全可以通过"想象"来改善自己的行为表现。在课堂上，我们无法展现真实的生活场景，这时就可以通过想象练习让学生的脑海里想象各种可能性和应对方案。但是，想象不能代替真实的情况，对此老师可以让学生在课后进行真实场景的练习。

## 22. 聆听无声

**活动形式**：想象放松　　　**适用学段**：普遍适用　　　**适用场地**：教室

**适用主题**：智力开发（注意力）、自律自控（专注力）、开学或复学、疫情心理、正念

**游戏规则**：

（1）老师将学生分成2组，2组学生围成1个同心圆且面对面坐下。

（2）老师让大家轻闭双眼并做3次深呼吸，慢慢地放松，聆听周围的声音，持续2分钟，结束后大家与对面的人交流听到的声音。

（3）所有的人位置不变，老师让大家轻闭双眼并做3次深呼吸，然后播放一段舒缓的音乐，持续2分钟，然后让大家睁开眼睛并注视着对面的人，体会对方此刻的心情。

（4）所有的人位置不变，老师让大家轻闭双眼并做3次深呼吸，然后播放一段舒缓的音乐，大家伸出双手与对面同学的手轻轻触碰，感受对方想要表达的信息。

（5）所有的人位置不变，由面对面改为背对背，老师让大家轻闭双眼并做3次深呼吸，然后播放一段舒缓的音乐，大家用心体会对方传达的信息。

（6）总结。大家自由交流和分享自己的感受，最后老师问大家"当你认真体会对方传达的信息时，你感受到了什么""对方的感受对你有什么影响"，并根据大家回答进行总结。

**解析**：这个游戏需要学生全身心地投入，如果大家彼此之间不熟悉或不信任，就会影响

游戏的效果。如果是处于青春期的学生，可以男女分组进行。

**玩法变形：**你可以自由发挥自己的创意。

**分享方向：**在纷扰、嘈杂的环境中，我们要学会放松，学会聆听外界的声音及关注他人的感受。

我的教学感悟

## 23. 呼吸放松

**活动形式：**想象放松　　**适用学段：**普遍适用　　**适用场地：**教室

**适用主题：**情绪心理、备考或考试心理、考前压力应对、网络成瘾、应激反应、正念

**游戏规则：**

（1）在游戏开始前，老师可以先了解学生对考试的态度，让大家说出自己的想法。

（2）老师引导学生先深吸一口气，接着屏住呼吸并在心里默数 5 个数，最后慢慢地呼气，直至腹腔内的气完全呼出，做 2 ~ 3 次，并询问大家的感受。

（3）总结。老师可以让学生讨论深呼吸可以用于哪些场合（如考试前、与他人发生矛盾后、每天起床后、面临重大挑战前等）并进行总结。

**解析：**这个游戏可以作为考试前的放松活动。

**玩法变形：**你可以自由发挥自己的创意。

**分享方向：**在重要时刻我们可以通过深呼吸调整自己的情绪和状态。

我的教学感悟

# 24. 理想中的我

**活动形式**：想象放松　　**适用学段**：小学高年级　　**适用场地**：教室

**适用主题**：自我意识、梦想教育

**游戏规则**：

（1）老师播放一段舒缓的背景音乐，然后用下面的引导语带领学生进行放松冥想练习。

　　请大家以自己感觉舒适的姿势坐好，闭上眼睛，慢慢地放松身体，深呼吸，抛开脑海中的杂念。慢慢地，你在黑暗中看到一束光，你慢慢地走近它，发现那是读五年级（可以根据学生的实际学段调整）的自己，你是什么模样呢？接着往前走，你看到一扇门并打开它，你看到了理想中的自己，在你的头脑中慢慢地浮现出未来的美好景象。你期待理想中的自己是什么样子？看着眼前理想中的自己，深呼吸。你看到的画面是什么？请你用心体会自己当下的感受与心情。请你把这份对美好期望的感受汇聚到自己的手中，轻轻地将手放在胸前，感受自己的心跳。现在，请你慢慢地睁开眼睛，把这份美好放在手心里，然后通过与周围的同学击掌传递下去。

（2）总结。老师可以让学生自由交流，最后进行总结。

**解析**：这个游戏由老师带领学生进行冥想，然后大家交流彼此的感受，老师要注意周围的环境要相对安静。

**玩法变形**：你可以自由发挥自己的创意。

**分享方向**：大家想象的画面一般都很美好，当我们感受和传递这份美好时内心也会感到很愉快。

> 我的教学感悟

# 音乐律动

音乐律动可以分为听音乐和有音乐背景的节拍律动两种。听音乐就是老师播放一段音乐，不同的人听同一段音乐会唤起不同的情绪和感受，老师可以根据主题选择不同的音乐。有音乐背景的节拍律动是指老师让大家跟随音乐中的节拍做一些动作，以活跃气氛和调动大家的积极性。

## 25. 跟着节奏来

**活动形式：**音乐律动　　　**适用学段：**小学低年级　　　**适用场地：**教室

**适用主题：**智力开发（注意力）

**游戏规则：**

（1）老师将学生分成 3 组，每组学生以不同的节奏拍手，如第一组 ×/××/×××、第二组 ××/×××/××、第三组 ××/××/×××。

（2）总结。老师可以询问大家是否能跟上节奏并分析原因，最后进行总结。

**解析：**这个游戏可以帮助学生集中注意力，老师需要注意观察学生是否能跟上节奏，并及时进行调整和反馈。

**玩法变形：**

（1）老师可以让每组学生没有规律地拍手。

（2）调整游戏难度，如老师随机发出节奏指令。

**分享方向：**只要每个人牢记自己的节律，不管老师如何变换指令，大家都能很快做出反应。

---

我的教学感悟

# 角色互换

角色互换是在游戏中大家扮演其他人的角色，体会对方的情绪、感受和心理，一般分为两人互换和多人互换。两人互换角色是指双方站在对方的立场思考、行动或说话等，而多人互换角色可以让大家站在更多的角度观察和思考问题。

## 26. 性别印象

**活动形式**：角色互换　　**适用学段**：初中　　**适用场地**：团辅室

**适用主题**：性教育（异性交往）、趣味心理

**游戏规则**：

（1）老师将男生和女生分开进行游戏，男生挑战最快穿针引线（需要准备针和线及计时器），女生挑战掰手腕。

（2）最后胜出的男生和女生分别是"穿针王"和"手腕王"。

（3）总结。老师问大家"在听完游戏规则后，你的想法是什么""你觉得自己能顺利完成这个游戏吗"，并根据大家的回答进行总结。

**解析**：这个游戏的目的是希望大家打破性别刻板印象，在游戏开始前，大家可能会对这个游戏产生抗拒心理，老师可以设置竞技加分环节，以激发大家参与的积极性。

**玩法变形**：你可以自由发挥自己的创意。

**分享方向**：老师可以让学生就"刻板印象"或者"性别角色"展开讨论，最后再分享自己的观点。

我的教学感悟

# 27. 丢手绢

**活动形式：**角色互换　　**适用学段：**初中　　**适用场地：**团辅室

**适用主题：**校园欺凌

**游戏规则：**

（1）老师让学生围成一个圆圈（也可分组进行）并坐下，抽签选出 1 人（A）开始丢手绢。

（2）A 悄悄地把手绢放在学生 B 的身后，其他学生悄悄地议论 B，直到 B 发现手绢在自己身后并捡起来追 A。A 可以趁机坐在 B 的位置，此时 B 开始丢手绢；如果 B 追上 A，B 坐回原位置，A 继续丢手绢。

（3）如果从 A 丢完手绢并绕圆圈一周后，B 还没觉察到手帕在自己身后，A 就轻拍 B 的肩膀，表示 B 开始丢手绢。

（4）总结。老师可以分别让 B（被欺凌者）、其他学生（旁观者）、A（施暴者）分享自己的感受并进行总结。

**解析：**与身体暴力相比，言语暴力和心理暴力往往会被家长、老师和学生忽视。

**玩法变形：**增加游戏难度，如让 2 个人用不同颜色的手帕同时丢手绢，背后被丢手帕的人不能追错人。

**分享方向：**老师可以通过这个游戏让大家体会和分享被他人小声非议或背后议论的感受。

> 我的教学感悟

# 28. 进化论

**活动形式：**角色互换　　**适用学段：**普遍适用　　**适用场地：**团辅室

**适用主题：**环境适应、自律自控（自制力）

**游戏规则：**

（1）老师让所有学生都扮演鸡蛋（并蹲下），游戏开始后大家 2 人 1 组玩石头剪刀布，胜者进化为小鸡（半蹲且一只手放在身后作为尾巴），输者退化为之前的状态，然后小鸡找小鸡玩石头剪刀布，胜者进化为凤凰（站立且双手作展翅状），输者退化为之前的状态，注意不能越级玩猜石头剪刀布。

（2）游戏按照以上规则持续进行，直至大部分人都进化为凤凰。

（3）总结。老师可以询问没有进化为凤凰的学生的感受并进行总结。

**解析：** 这个游戏的主要目的是活跃气氛，老师可以适时引出所讲授的主题。

**玩法变形：** 变换游戏规则，如可以选择 1～2 人作为人类，人类手拿纸棒敲打鸡蛋，每次只能敲打一下，同一枚鸡蛋被敲打 3 次就"破裂"且不能继续进化，因此鸡蛋需要尽快让自己进化。

**分享方向：** 我们需要适应外界的环境及其规则，这样才能生存下去并取得成功。

---

我的教学感悟

---

# 29. 攻击箭靶

**活动形式：** 角色互换　　**适用学段：** 小学高年级　　**适用场地：** 团辅室

**适用主题：** 人际关系、校园欺凌

**游戏规则：**

（1）老师将学生分成几组，并从每组中选出 1 人作为"箭靶"。

（2）老师在地上画 1 个圆（约可站下 8 人），"箭靶"站在中间，其他小组成员拍打"箭靶"至少 3 次且不能被"箭靶"碰到，否则也成为"箭靶"。

（3）总结。老师可以问"被打者感觉如何，你觉得可以改变被打的现状吗，怎样改变"，"打人者的感觉如何，你喜欢这种感受吗，你觉得这会给被打者带来哪些伤害"，并根据大家的回答进行总结。

**解析：** 每组人数不宜超过 10 人，以便学生来回走动。

**玩法变形**：增加游戏规则，如"箭靶"可以直接拉四周的人"入伙"，帮助自己一起抓人。

**分享方向**：有些学生发现自己身边有欺凌行为，或者自己本身就是欺凌者或被欺凌者，但我们可以改变现状，无论之前你是什么角色，都可以做出力所能及的改变。

> 我的教学感悟

# 30. 神奇卡片

**活动形式**：角色互换　　**适用学段**：普遍适用　　**适用场地**：教室

**适用主题**：自我意识（自我暗示）

**游戏规则**：

（1）老师提前准备数量充足的 A 卡和 B 卡，两种卡上是同一人物的介绍，但 A 卡上的人物介绍是负面的，B 卡上的人物介绍是正面的。

（2）老师将学生分成 8 组，1～4 组发 A 卡，5～8 组发 B 卡，让大家在小组内讨论卡片上的人物，之后每组选择 1 人作为代表向大家描述一下这个人物。

（3）总结。大家会发现 A 组学生的描述大多是负面的，而 B 组学生的描述大多是正面的。老师问大家"为什么我们对同一个人的描述会相差万里"，并根据大家的回答进行总结。

**解析**：这个游戏可以让学生了解心理暗示的作用。

**玩法变形**：

（1）变换游戏规则，如随机发放卡片，让每个人写出自己对卡片上人物的描述。

（2）几个小组随机抽取卡片，每人限时 1 分钟看卡片上的人物介绍，老师说"开始"后，大家同时说出自己对卡片上人物的印象，每个小组安排 2 人作为聆听者，并在大家说完后说出自己听到的答案。

**分享方向**：老师可以引导学生了解和体会心理暗示的影响，看看在日常生活中自己是否易受心理暗示。

我的教学感悟

## 31. 职业猜猜猜

**活动形式：**角色互换、沟通　　**适用学段：**初中　　**适用场地：**团辅室

**适用主题：**生涯规划

**游戏规则：**

（1）老师提前准备职业名称卡片，可以找一些相似的职业以增加游戏的难度。

（2）老师将学生分成几组，从每组中选择 1 人表演卡片上的职业，本组其他成员竞猜，每组限时 3 分钟，其他组成员在一旁观看，猜对数量最多的小组获胜。

（3）总结。老师展示各小组的成绩并询问大家没猜对的原因。此外，若有大多数人都不了解的职业，老师可以对此进行讲解并进行总结。

**解析：**这个游戏可以增加学生对不同职业的认识和理解。

**玩法变形：**变换竞猜内容以变换所讲授的主题。

**分享方向：**老师可以通过这个游戏引出生涯规划这一主题，让大家对自己未来想从事的职业进行设想和规划。

我的教学感悟

## 32. 我能理解你

**活动形式：**角色互换、沟通　　**适用学段：**初中　　**适用场地：**教室

**适用主题：**心理委员、趣味心理

**游戏规则：**

（1）老师将学生分成 2 人（A、B）1 组，2 人面对面坐着，A 告诉 B 最近发生的令自己印象深刻的一件事，B 猜 A 当时的心情如何，A 回答"是"或"不是"。

（2）A 告诉 B 自己现在的心情，B 接着猜原因，获得对方 3 次肯定的回答才算成功，之后 2 人互换角色。

（3）总结。老师问大家"在猜对方的心情及背后的原因时，你是如何做的""当自己的心情被他人理解时，你的感受如何"，并根据大家的回答进行总结。

**解析：**这个游戏可以让学生了解和体会沟通的重要性，有效的沟通可以让我们了解对方的真实想法。

**玩法变形：**变换游戏规则，如每组 6 ~ 8 人，每个人先在纸上写下最近发生的令自己印象深刻的一件事，写完后大家轮流在组内说出自己写的内容，并由其他组员猜这名同学当时的心情并写下来，接着让该学生说出自己当时的心情；其他组员通过问问题来确认其产生这种心情的原因，直至获得 3 次肯定回答并由下一个组员继续分享。

**分享方向：**我们要学会站在别人的角度考虑问题，以一颗包容的心去接纳周围的世界。

我的教学感悟

# 33. 男生女生

**活动形式：**角色互换、小组讨论　　　**适用学段：**小学低年级　　　**适用场地：**教室

**适用主题：**性教育（性别角色认同）、校园欺凌

**游戏规则：**

（1）老师将学生分成男生组和女生组，两组分别讨论对方性别的特点，讨论结束后分别发言。

（2）先由女生组说出男生的特点（用红色粉笔记录），男生进行补充（用蓝色粉笔记录）；再由男生组说出女生的特点（用蓝色粉笔记录），女生可以进行补充（用红色粉笔记录）。

（3）总结。根据大家列举的男生和女生的特点，老师询问大家有什么发现并根据大家的

回答进行总结。

**解析：** 通过对男生和女生的特点进行讨论，启发大家思考并学会以正确的态度看待异性交往。

**玩法变形：**

（1）变换主题（校园欺凌），如老师先播放一段相关视频，让学生讨论"欺凌者"与"被欺凌者"的特点。

（2）变换游戏规则，如男生和女生总结出对方的特点后，双方互相点评，遇到观点不一致的地方，双方可以自由讨论。

**分享方向：** 这个游戏的主要作用是引出上课的主题，因此不需要展开过多的分享。

> 我的教学感悟

# 接龙

接龙游戏指参与人员按照一定的规则自由发表意见或观点，游戏规则可以根据学生的胜任力和教学主题进行设定。例如，为了拉近学生之间的距离，可以进行自我介绍接龙，如"我是 ×× 旁边的 ××"；为了调动氛围可以通过增加节律或者变换动作进行接龙；为了契合教学主题可以采用成语接龙、词汇接龙或者歌曲接龙。

## 34. 三心二意

**活动形式：** 接龙　　**适用学段：** 小学低年级　　**适用场地：** 团辅室

**适用主题：** 学习心理（学习态度）、备考或考试心理（专注力）、心理委员、自律和自控（专注力）、角色意识

**游戏规则：**

（1）老师将学生分成约 10 人 1 组，每组学生围成 1 个圆圈并坐下。

（2）老师给出分享的主题，比如自己的绰号、兴趣或者喜欢的食物等。大家需要根据老师给出的主题向右边的人介绍自己，同时记住左边的人说的话。最后一个人介绍完自己后，小组内成员分享自己听到的左边的人分享的内容。

（3）总结。老师问大家"你能完整地复述左边的人说的话吗""如果不能，是对方表述不清楚还是你没有认真听""在日常生活中你有过三心二意的经历（如边看电视边写作业）吗"，并根据大家的回答进行总结。

**解析：**这个游戏主要是让大家了解自己的专注力，并讨论提升专注力的方法。

**玩法变形：**变换游戏规则和增加游戏难度，如每个人在限定时间内完成任务（如填写问卷），在此过程中老师播放歌曲或视频，最后大家回答老师提出的问题（如"快乐"两个字在歌曲中出现了几次），老师可以将问题提前告诉学生。

**分享方向：**有些学生可能喜欢边听音乐边写作业，老师可以分析这样做是否可行，并提出有针对性的建议。

**我的教学感悟**

## 35. 青蛙跳水

**活动形式：**接龙　　**适用学段：**普遍适用　　**适用场地：**教室

**适用主题：**考后心理

**游戏规则：**

（1）所有学生围成 1 个圆圈并坐下，老师随机挑选 1 人并让他说"一只青蛙"，接下来按顺时针方向第二个学生说"一张嘴"，第三个学生说"两只眼睛"，第四个学生说"四条腿"，第五个学生说"扑通"，第六个学生说"一只青蛙跳下水"，第七个学生说"两只青蛙"，后面学生说的话分别是"两张嘴""四只眼睛""八条腿""扑通、扑通""两只青蛙跳下水"，以此类推。接不上的学生要为大家表演节目（也可以换成其他惩罚措施）。

（2）表演完节目的学生重新开始说"一只青蛙"，以此类推。

（3）总结。老师问大家"刚才在做游戏的时候你为什么没接上，是不清楚游戏规则还是没有认真听前一个人的表述"，并根据大家的回答进行总结。

**解析：**老师可以变换游戏规则以使这个游戏适配不同的教学主题。

**玩法变形：**变换主题（如挫折心理、情绪等），如当有学生在游戏中出错时，需通过表演节目赢得大家的掌声。

**分享方向：**老师可以把这个游戏比作平时的考试，很多考试所考的核心知识不变，变的只是考题的形式。

---

我的教学感悟

---

## 36. 滚雪球

**活动形式：**接龙　　**适用学段：**普遍适用　　**适用场地：**教室

**适用主题：**生涯规划、情绪心理（情绪觉察）、学习心理、考前压力应对、感恩教育、积极心理、智力开发（记忆力）、梦想教育

**游戏规则：**

（1）老师将学生分成约 10 人 1 组，每组成员以滚雪球的形式介绍自己未来想做什么且不能与之前的人重复。例如，A 说"我想当警察"，B 说"A 想当警察，我想当老师"，C 说"A 想当警察，B 想当老师，我想当科学家"，以此类推。

（2）总结。针对学生未来想做什么，老师可以捕捉一些特别的信息让大家一起讨论并在最后进行总结。

**解析：**这个游戏对场地和人数没有要求，因此适用范围很广。

**玩法变形：**

（1）变换主题，学生说的内容可以根据主题进行变换，如正向、积极的话语等。

（2）这个游戏也可以用于强化学生对所学内容的记忆或分享本节课的收获。

**分享方向：**老师可以告诉学生职业不分贵贱，在决定从事某个职业前，最好对该职业有

全面的了解。

```
我的教学感悟


```

## 37. 抑郁情绪传送带

**活动形式**：接龙　　**适用学段**：初中　　**适用场地**：教室

**适用主题**：抑郁知识科普

**游戏规则**：

（1）在游戏开始前老师播放《我有一只黑狗，如何与抑郁相处》短视频（在网上可以搜到）。

（2）老师将学生分成几组，每组站成一排，每排的队尾放一个"情绪回收桶"。

（3）老师让学生回想自己情绪最低落的时候，并把当时的情绪和想法写下来，大家把写好的纸揉成一团并按从前到后的顺序传给下一个人，最后一个人把所有人（包括自己）的消极情绪全部丢到回收桶里。

（4）总结。老师问大家"你还能在回收桶里找到自己写的那张纸条吗""这个游戏对你有什么启发"，并根据大家的回答进行总结。

**解析**：很多人在情绪低落时不愿意与身边的人谈论自己的情况，也不知道该向谁寻求帮助，这个游戏可以让大家认识到每个人都有情绪低落的时候。

**玩法变形**：变换游戏规则，如老师为每个人准备一张卡纸，并让大家在卡纸上写下自己情绪最低落时的情况，大家写完后将卡纸卷成话筒状，并通过这个话筒将内心所有不开心的事都喊出来。

**分享方向**：当情绪低落时，我们可以想象有一个消极情绪传送带，帮我们把消极情绪传送到看不到的地方。

> 我的教学感悟

## 38. 我对你上瘾

**活动形式：** 接龙　　**适用学段：** 普遍适用　　**适用场地：** 教室

**适用主题：** 网络成瘾

**游戏规则：**

（1）老师将学生分成几组，每组成员以"我对……上瘾"为句式接龙，直至所有小组完成接龙。

（2）总结。老师问大家"刚才大家提到的上瘾行为都有哪些，是良好的行为还是不良嗜好，针对不良嗜好我们该怎么做"，并根据大家的回答进行总结。

**解析：** 老师可以通过这个游戏让大家了解"成瘾"的概念，再引出网络成瘾这一教学主题。

**玩法变形：** 老师可以给每组限定一个主题进行接龙，如好习惯、坏习惯、食物、运动等。

**分享方向：** 老师注意观察学生在分享过程中提到的上瘾行为，可以在游戏结束后选几个大多数人都提到的上瘾行为让大家展开讨论。

> 我的教学感悟

# 信息采访

信息采访是指让学生按照一定的要求对他人进行采访并收集相关信息，采访的对象可以是同学，也可以是父母（课后完成，课上分享）。此外，还可以结合空椅子技术，让学生自己采访自己。

## 39. 我是小记者

**活动形式：**信息采访　　**适用学段：**小学高年级　　**适用场地：**户外或空旷场地

**适用主题：**生涯规划、人际关系、价值观、偶像崇拜

**游戏规则：**

（1）老师提前为学生发"职业探索卡"，让学生根据卡片上的信息采访身边的人（2~3 人即可）。职业探索卡上的内容可以包括一些基本信息（如被采访的对象、职业、工作内容等）和深入访谈（如你为什么从事这份工作、你在工作中有哪些收获、到目前为止你在工作中遇到的最大挑战是什么、你是怎样应对工作中的挑战的）。

（2）学生需要对收集到的信息进行整理，并在课堂上分享对其中 1 个人的采访概况。

（3）总结。老师根据大家的采访情况进行总结。

**解析：**这个游戏可以让学生对各类职业有所了解，同时引发他们对未来自己从事何种职业进行思考。

**玩法变形：**学生可以根据自己心仪的职业选择特定的采访对象。

**分享方向：**这个游戏可以让大家了解不同的职业，引发他们思考自己将来想从事什么职业，并且需要提前做好哪些准备等。

---

我的教学感悟

## 40. 你的偶像是谁

**活动形式：** 信息采访　　**适用学段：** 普遍适用　　**适用场地：** 教室

**适用主题：** 偶像崇拜

**游戏规则：**

（1）老师让学生随机采访班内的 3 名同学，采访内容如下：你的偶像是谁？你为什么喜欢他？你认为他对你的学习和生活带来了哪些影响？

（2）采访结束后，老师将学生分成几组，组内成员讨论各自的采访结果。

（3）总结。老师根据大家的讨论结果进行总结。

**解析：** 这个游戏可以让大家了解彼此对于"偶像"的定义，如果老师只是为了引出教学主题，采访人数和内容不宜过多。

**玩法变形：** 老师可以让学生扩大采访对象的范围，了解不同年龄群体的偶像。

**分享方向：** 老师要注重引导学生思考大家对偶像的看法有哪些区别，以及对此有何感想。

我的教学感悟

## 41. 名字大搜查

**活动形式：** 信息采访、解难　　**适用学段：** 小学低年级　　**适用场地：** 教室

**适用主题：** 人际交往、学习心理（学习策略）

**游戏规则：**

（1）老师将学生分成人数相同的几组，并提前为每组准备 1 张报纸、1 瓶胶水、1 张卡纸。

（2）游戏开始后，大家从报纸上找出与组内成员的名字相同的文字，并撕下来贴在卡纸上，在限定时间内找到名字最多的小组获胜。

（3）总结。老师可以让大家说一下各组是如何分工的并进行总结。

**解析：** 这个游戏可以用于活跃课堂气氛和拉近大家之间的关系。

**玩法变形：** 老师给每个人发 1 张报纸，并要求大家在限定时间内独立完成上述任务。

**分享方向：** 老师可以根据不同的教学主题进行分享，如果主题是人际交往，则询问在游戏过程中组内成员是否互相认识。

我的教学感悟

## 42. 课前小调查

**活动形式：** 信息采访、自我分享与表达　　**适用学段：** 普遍适用　　**适用场地：** 户外或空旷场地

**适用主题：** 网络成瘾

**游戏规则：**

（1）游戏开始前老师先选出 5 人，他们分别代表 5 种情况：从来不、极少、有时、经常、总是。

（2）老师问学生"大家上网的时间属于以上哪种情况"，学生根据自己的实际情况进行选择并站在相应学生的身后。

（3）总结。老师问大家"与其他人相比，你认为自己的上网情况如何""在上网的时间上，你与家人的观点一致吗""你上网的时候一般都做什么"，并根据大家的回答进行总结。

**解析：** 这个游戏通过站位的形式让学生在课前活动一下，此外还可以直观地看到大家在上网时间方面的情况。

**玩法变形：**

（1）变换场地，如在教室内进行，换成大家举手表示。

（2）变换主题，游戏规则可以根据教学主题进行调整，主要是获得学生对某一问题的看法或情况的调查结果。

**分享方向：** 老师根据大家的站位情况进行分析，进而引出健康使用网络的内容。

我的教学感悟

# 分组

分组常用于热身阶段，老师可以根据时间、场地，以及与主题是否匹配等选择分组方式。根据时间限制、是否加入其他元素，分组活动可以分为以下几种。

- 报数分组：分几组就让学生报几个数，报相同数字的学生为一组。
- 扑克牌分组：按照扑克牌的花色或指定的数字范围分组。
- 复杂分类分组：采用多种分组方式，先将学生分成若干大组后，再进行一次分组，分组方式包括报数分组或围成圈后切西瓜分组等，这种分组方式适合人数较多的情况。
- 游戏分组：通过游戏的方式分组，游戏结束即完成分组，如通过"大树与松鼠""一元五角"等游戏分组。

## 43. 找到另一半

**活动形式：**分组　　**适用学段：**小学低年级　　**适用场地：**团辅室

**适用主题：**人际关系、学习心理、感恩教育

**游戏规则：**

（1）老师提前准备学生总人数一半的爱心卡片（爱心卡片的颜色和大小不同），并将每张爱心卡片剪成两半，游戏开始前将剪开的爱心卡片随机发给学生。

（2）音乐响起后学生开始寻找自己手里卡片的另一半，配对成功后2人按照卡片上的要求为彼此做一件事或者一起完成某个任务。

（3）总结。老师问大家"当拿到卡片时，你是否希望爱心卡片的另一半在好朋友的手

里""当对方为你做某件事时，你的感受是什么，你感激对方吗""当你为对方做某件事时，你希望对方感谢你吗"，并根据大家的回答进行总结。

**解析：**如果学生人数是奇数，老师可以调整爱心卡片被剪成的份数。

**玩法变形：**

（1）变换主题：卡片背面可以附上与主题相关的问题（如你的学习方法是什么），配对成功后2人写下沟通后的答案。

（2）增加游戏难度，如可以把爱心卡片剪成3~5份，配对难度增加的同时，卡片背后的任务难度也需要增加。

**分享方向：**针对这个游戏可分享的方向较多，老师可以引导学生往主题方向分享。

---

我的教学感悟

---

# 44. 幸运扑克牌

**活动形式：**分组　　**适用学段：**普遍适用　　**适用场地：**团辅室

**适用主题：**感恩教育

**游戏规则：**

（1）老师提前准备一副扑克牌，花色及数量根据总人数确定，游戏开始后老师让每个人抽取一张牌并收好。

（2）老师告诉大家，抽中同一花色的人为一组，每组有 X 人，最快找到所有组员的小组获得下一轮游戏的优先权或者给小组加10分。

（3）总结。老师问大家"你对自己所在的小组满意吗，为什么"，并根据大家的回答进行总结。

**解析：**这个课前分组游戏可以用来活跃气氛，让学生为接下来的课堂活动做好准备。

**玩法变形：**根据扑克牌上的数字进行分组，以增加分组的数量。

**分享方向：**在游戏过程中老师观察学生之间是否会互相协助，在最后进行总结和分享的时候引出感恩这一主题。

我的教学感悟

## 45. 谁最棒

**活动形式：** 分组　　**适用学段：** 普遍适用　　**适用场地：** 教室

**适用主题：** 自信心理

**游戏规则：**

（1）老师让学生轮流喊出"我""最""棒"三个字，喊同一个字的学生自动为一组，分组结束后老师可以通过这个游戏引出自信这一主题。

（2）总结。老师问大家在玩游戏的过程中有什么感受并根据大家的回答进行总结。

**解析：** 老师可以通过这个游戏活跃课堂气氛，同时引出主题。

**玩法变形：** 根据主题及老师希望分组的数量变换所喊的内容，如用"青春同行"引出青春期异性交往的主题、用"文明校园"引出校园欺凌的主题等。

**分享方向：** 这个游戏很简单，老师可以根据游戏情况引导学生进行分享，进而引出主题。

我的教学感悟

# 自我介绍

当让学生进行自我介绍时，有些学生说完自己的名字后就不知道该说什么了，此时老师就可以采用自我介绍游戏。自我介绍游戏按照难度可以分为以下三种。

- 表单式自我介绍：由老师给出表单提示，学生按照统一的格式（背景信息＋主观信息）做自我介绍。

- 投射式自我介绍：提供一些投射图供学生选择，让他们说出自己选择某个图的理由，最后做自我介绍。

- 游戏式自我介绍：将自我介绍融入任务中，完成任务即完成自我介绍，如让大家轮流说一句关于自我的介绍。

# 46. 我的飞机

**活动形式**：自我介绍　　**适用学段**：普遍适用　　**适用场地**：团辅室

**适用主题**：人际关系、自我意识、人格特质（个性品质）

**游戏规则**：

（1）老师给每人发 1 张白纸，并让大家在白纸上写下自己的特点（至少 3 个），如外表、性格等，不需要写名字。

（2）大家将写好后的纸折成飞机，并同时扔出纸飞机。

（3）每个人捡起 1 只纸飞机（如捡到自己的需再次扔出）并读出纸上所写的内容，大家猜测自己所捡纸飞机的主人是谁。

（4）总结。老师问大家"你是否猜对，为什么"，并根据大家的回答进行总结。

**解析**：这个游戏通过纸飞机来承载每个人的特点，为了避免纸飞机飞不起来、易散等情况，老师可以提前教大家如何折纸飞机。

**玩法变形**：

（1）变换游戏规则，如在猜人环节，如果大家意见不统一，就邀请所有"候选人"上台，并让大家以站位的形式表明自己的答案。

（2）变换主题，如纸飞机上的内容变成"×××我想说""最近让我很郁闷的事情"等，猜人环节换成为对方送上一句鼓励的话。

**分享方向**：大部分学生可能都拥有某个特点，但表现出来的行为不一样，这表明每个人都是一个独特的个体。

我的教学感悟

## 47. 新的自己

**活动形式：**自我介绍　　**适用学段：**普遍适用　　**适用场地：**教室

**适用主题：**开学或复学

**游戏规则：**

（1）老师将学生分成几组，每个人在组内以"今天，我带来了一个……的自己"进行自我介绍，说的时候要站起来。

（2）总结。老师问大家"今天你们都带来了怎样的自己，与平时的自己是否不太一样"，并根据大家的回答进行总结。

**解析：**这个游戏不仅可以用作低学段学生的暖身活动，也可以用作高学段学生"开学或复学"这一主题。

**玩法变形：**变换玩法，如用 2 个词形容自己，一个是积极的，另一个是消极的，但这 2 个词的意思不能互相冲突。

**分享方向：**每个人都是多面和立体的，老师可以引导大家发现不一样的自己。

我的教学感悟

## 48. 寻找自己

**活动形式：**自我介绍、艺术性表达　　**适用学段：**初中　　**适用场地：**教室

**适用主题：**自我意识（自我概念）、智力开发（观察力）、人格特质（自我同一性）

**游戏规则：**

（1）老师将学生分成几组，每组选出 1 人为组内的每个成员发一片老师提前准备好的树叶，大家用 30 秒认真地观察被分到的树叶。

（2）发放树叶者收回树叶，老师把各组的树叶在组内打乱，然后让大家找出自己刚才观察的树叶。

（3）总结。老师问大家"你是否找到自己的树叶，如果找到了你是如何做到的"，并根据大家的回答进行总结。

**解析：** 通过观察树叶，老师可以引发大家对自己的特点进行思考。

**玩法变形：** 增加游戏难度，如缩短观察树叶的时间或者把收回的树叶两组混在一起。

**分享方向：** 在这个世界上没有完全相同的树叶，也没有完全相同的 2 个人，每个人都是独一无二的，由此引导大家发现自己独一无二的一面。

我的教学感悟

# 49. 我的卡片

**活动形式：** 自我介绍、自我分享与表达　　**适用学段：** 普遍适用　　**适用场地：** 教室

**适用主题：** 创造性思维、人格特质（自我同一性）、开学或复学、偶像崇拜

**游戏规则：**

（1）老师为每人发 1 张空白小卡片（胸卡大小），并准备几盒彩笔。

（2）每个人设计专属于自己的卡片并贴在胸前，卡片内容要求不少于 5 条个人信息，除文字外可加入图画，限时 5 分钟。

（3）总结。老师问大家"你是从哪几个方面介绍自己的，这些是你最突出的特点吗"，并根据大家的回答进行总结。

**解析：** 学生所写的 5 条个人信息可以是抽象的，也可以是具体的，但一定是个性化的；这个游戏也适用于互不熟悉的团体成员，使彼此之间快速相识。

**玩法变形：** 增加游戏规则，如让大家选择其他人来介绍，被介绍的人需要给出回应（如

错误就摇头，正确则微笑）。

分享方向：老师可以汇总一下大家共有的信息并让学生展开讨论，以让他们深入了解自己的个性。

我的教学感悟

# 50. 房子与自己

活动形式：自我介绍、自我分享表达　　适用学段：小学高年级　　适用场地：教室

适用主题：自我意识

游戏规则：

（1）老师将学生分成4人1组，每组发1张A4纸，每个人在白纸上画一座房子代表自己，限时3分钟。

（2）总结。老师观察大家作画的方式，是否有人用折痕或者实线把白纸分成几部分再作画。然后问大家"如果其他人把房子画在你的位置上，你的感受如何""如果他人画的房子与你的房子很近，你有什么感受"，并根据大家的回答进行总结。

解析：这个游戏以绘画的形式引出主题，引导大家讨论和关注自己的感受，将"心理边界"的概念具体化。

玩法变形：变换主题（如人际关系），每个人针对自己的房子写几句简单的介绍，然后对他人的房子进行加工，最后大家看一看加工后的房子与自己内心想象的房子是否一样。

分享方向：在人际交往中，我们需要建立自己的心理边界，并且尊重他人的心理边界。

我的教学感悟

第二章

02

# 转换（情境、知识）阶段

★　★　★

　　转换（情境、知识）阶段一般用时 10 分钟，这一阶段的主要任务是在游戏过程中完成与教学主题相关的问题的呈现和表达。在这个阶段，老师需要创设一个情境，提出与主题相关的问题，目的是激发大家进行探索，聚焦于要解决的问题。

# 自我分享与表达

老师可以将学生是否愿意参与分享与表达作为评估团体动力是否进入转换阶段的一个重要指标。在课堂上，如何促使学生主动表达是心理课教学中的重点和难点。根据表达的类型和难度，我们将自我分享与表达分为以下几类。

**强制表达：** 当达到某种条件时，学生必须进行分享与表达，根据场地、学生特点和主题等，强制表达分成以下几种。

- 限定位置。当学生到达或离开某个位置时，需要完成分享与表达任务，此时分享与表达是一种惩罚措施。

- 奖励。老师用礼物、积分或权限作为奖励，让学生主动进行分享与表达。

- 问卷调查。老师事先布置问卷调查任务，学生填完问卷后，根据填写内容进行分享与表达。

- 击鼓传花。学生之间互相传递某件物品，当老师喊"停"时，东西在谁手里，谁就进行分享与表达。

- 是否题。老师可以事先准备一些问题并给出选项，学生只需要回答"是"或"否"，最后还可以根据大家的答案进行讨论。

- 指代他人表达。让其他人代替自己进行分享与表达。

**投票表达：** 投票表达有以下两种形式。

- 空间站队。学生通过身体站立的位置表明自己的态度，这样可以比较直观地看出大家对某一问题的看法，进而展开讨论。

- 竞投。老师给出几个选项和竞投规则，学生根据自己的情况参与竞投游戏，并说明原因或依据，以此表达自己的观点。

**创作表达：** 创作表达有以下两种形式。

- 作品创作。学生通过画自画像、制作个性名片等，分享自己的作品及创作理由，借此表达自己的观点。

- 讲故事。学生以第三者的视角讲述自己的故事。

**自由表达：** 自由表达有以下两种形式。

- 公开表达。老师直接邀请学生公开表达自己的观点，但不能强迫学生进行公开分享与表达。

- 表达别人。老师邀请学生对他人进行点评，或者站在他人的立场进行分享与表达。

# 51. 自信能量罐

**活动形式：** 自我表达与分享、互相反馈　　**适用学段：** 小学高年级　　**适用场地：** 教室

**适用主题：** 自信心理

**游戏规则：**

（1）老师将学生分成几组并给每人发 1 个"能量罐"和几张（按照小组人数定）"能量纸"（即彩色便利贴）。

（2）每个人在"能量纸"上写一句赞美、鼓励、支持他人或想告诉他人的话，然后将"能量纸"分别放在相应学生的"能量罐"里。

（3）老师让大家自由传递"能量罐"，当老师喊"停"时，大家从手中的"能量罐"里抽取 1 张"能量纸"并与大家分享纸上写的话。

（4）总结。老师问大家"当拿到他人为你写的话时，你是否对自己更有信心了"，并根据大家的回答进行总结。

**解析：** 这个游戏属于进阶版的击鼓传花。

**玩法变形：** 变换玩法，如小组成员围成 1 个圆圈，互相抛球的同时把鼓励对方的话说出来。

**分享方向：** 每个人都是一个充满能量的个体，当我们遇到困难的时候，常常会因为陷入其中而看不到自己身上的能量，这个游戏可以帮助大家找回面对困难的勇气和信心。

---

我的教学感悟

# 52. 尴尬时刻

**活动形式**：自我分享与表达、沟通　　**适用学段**：初中　　**适用场地**：教室

**适用主题**：人际关系、趣味心理

**游戏规则**：

（1）这个游戏要进行三轮，老师在每轮游戏中各选 2 个人：第一轮是 2 个男生，第二轮是 2 个女生，第三轮是 1 个男生和 1 个女生。

（2）2 个人在讲台上对视 30 秒，并且不能说话、不能笑。三轮游戏结束后，老师可以让参与游戏的学生分享自己的感受，也可以让其他感兴趣的学生上台体验。

（3）总结。老师问大家"当与他人对视时，你有什么感觉，当时你内心的想法是什么"，并根据大家的回答进行总结。

**解析**：在与他人交往时，有些人会避免与他人对视，这可能会对后续的沟通与交流产生不利影响。

**玩法变形**：变换玩法，如老师准备若干问题，由学生选择想要回答的问题并在纸上写下自己的答案，然后将大家分成 2 人 1 组进行对视，要求是 2 个人看着彼此的眼睛并分别说出自己的问题和答案，游戏结束后让大家分享自己的感受，以及刚才是否漏说了一些信息。

**分享方向**：如何克服与他人对视时的不舒适感，以及在人际交往中怎样更好地表达自己。

> 我的教学感悟

# 53. 趣味竞猜

**活动形式**：自我分享与表达、问题辩论　　**适用学段**：小学高年级　　**适用场地**：教室

**适用主题**：性教育（性别角色认同）

**游戏规则**：

（1）老师提前设置好竞猜题目。例如，甲、乙两人同时爬山，中途甲一路往前冲，乙则总是喊累；到达山顶后，甲坐着不想动，乙则兴致勃勃地观看风景，让学生猜甲、乙的性别，

并由此引出性别角色认同的话题。

（2）老师让大家针对"有人认为，女生喜欢同一节奏且持久的活动，而男生更倾向于冲锋式的活动"进行讨论。

（3）总结。老师问大家"性别角色认同对我们的日常生活有什么影响"，并根据大家的回答进行总结。

**解析：** 老师提供的观点应是学生在日常生活中经常遇到的情况。

**玩法变形：** 老师针对某个主题给出一个有争议的观点，然后让学生分组展开讨论。

**分享方向：** 社会性别观念是社会化的产物，男性和女性呈现的差别更多是社会期望的结果。

> 我的教学感悟

# 54. 权威小实验

**活动形式：** 自我分享与表达、心理测试　　**适用学段：** 小学、初中　　**适用场地：** 教室

**适用主题：** 趣味心理

**游戏规则：**

（1）游戏开始前，老师先拿出一个装有蒸馏水的烧杯或量杯，并说明里面的水有一种淡淡的香味，嗅觉不敏感的人可能闻不到，并让闻到香味的学生举手。老师统计完举手的学生的人数后揭晓答案：杯子里是普通的自来水。

（2）老师进而引出主题：在生活中，当我们打开电视、手机或者广播时，总能听到各种"专家"在发表一些言论和见解，很多人会对"专家"讲的内容深信不疑，但是，"专家"的话都是对的吗？

（3）总结。大家讨论结束后老师进行总结。

**解析：** 在日常生活中，很多学生会觉得老师、父母说的话都是对的，这不利于他们养成成长型思维方式，因此需要大家重新认识"权威效应"。

**玩法变形：** 老师也可以基于斯坦利·米尔格兰姆的服从实验设计一些情境游戏，看看有

多少学生会不假思索地服从老师提出的一些要求。

　　**分享方向**：在相信和服从权威的同时，我们还要有独立思考的能力。

我的教学感悟

# 55. 分享我的任性

　　**活动形式**：自我分享与表达　　　**适用学段**：普遍适用　　　**适用场地**：教室

　　**适用主题**：升学准备

　　**游戏规则**：

　　（1）老师让大家解释一下网络流行词语"任性"的意思并说出自己做过的最任性的事情。

　　（2）总结。老师问大家"你怎样看待别人用'你真任性'来评价你，你觉得对方说的是什么意思""在生活中，你觉得自己会因为什么而任性"，并根据大家的回答进行总结。

　　**解析**：这个游戏通过让大家对网络流行词语的讨论来增强学生在分享时的代入感。

　　**玩法变形**：

　　（1）变换主题，如老师可以选择其他网络流行词语，以变换主题。

　　（2）老师可以让学生在纸条上写下自己想要表达的内容，然后将所有人的纸条混在一起，每人从中抽取 1 张并在纸条上写下自己的感受。

　　**分享方向**：老师通过让大家对自己的任性行为进行反思，引出如何调整自己的行为；如果学生分享的不是自己的任性经历，老师可以通过问题引导其分享是否有类似的经历。

我的教学感悟

## 56. 听我说谢谢你

**活动形式：** 自我分享与表达 **适用学段：** 普遍适用 **适用场地：** 教室

**适用主题：** 亲子关系、感恩教育、开学或复学

**游戏规则：**

（1）老师让所有人围成 1 个圆圈（如人数较多则可分组进行）。

（2）老师先将 1 个小礼物随机放在其中 1 人手中，这个人需要将礼物交给其他人并说出自己的理由，如"感谢你给我提供过……的帮助"，依此规则将礼物一直传递下去，限时 5 分钟，最后看谁收到的礼物次数最多。

（3）总结。老师问大家"你期待礼物传到自己手中吗""你获得了多少人的感谢""你对自己的父母表达过感谢吗"，并根据大家的回答进行总结。

**解析：** 老师在游戏开始前向学生说明，这个游戏的目的是送出感谢，而不是获得礼物。

**玩法变形：** 变换主题，如把对他人的感谢换成假期挂念着的同学，以引出开学或复学这一主题。

**分享方向：** 可能会出现有人没有获得任何人的感谢，老师应提前想好如何处理这种情况。

---

**我的教学感悟**

---

## 57. 我想要礼物

**活动形式：** 自我分享与表达 **适用学段：** 小学低年级 **适用场地：** 团辅室

**适用主题：** 自我意识、价值观、人格特质

**游戏规则：**

（1）老师让学生围成 1 个圆圈并坐下，向大家展示 1 份包装精美的礼物并对礼物进行描述，接着老师问想要得到这个礼物的请举手。

（2）老师从举手的人中选出 6 人（具体人数自定），这 6 个人站在圆圈中间并从中选出 1 人作为裁判，其余 5 人需要分别想办法说服裁判以获得礼物。当听完 5 个人的陈述后，裁判

判断礼物归谁。

（3）游戏结束后，老师邀请这 6 个人分别说一下自己的感受并进行总结。

- （获得礼物者）得到礼物后你的心情如何？礼物是你期待的样子吗？你感觉自己的付出得到了回报吗？

- （未获得礼物者）你觉得自己的表述如何？当你知道礼物是什么时有何感受？如果你事先知道礼物是什么还会努力争取吗？

- （裁判）你是如何决定谁应该获得礼物的？你觉得其他人会怎么看待你的裁决？

- （其他人）你们喜欢这个礼物吗？你们会努力争取获得礼物吗？

**解析：** 如果人数较多，可以分组进行或者增加礼物的数量。

**玩法变形：** 变换主题（如分享），老师在包装礼物时放入相同的几份礼物并在纸条上写"恭喜你得到了这个礼物，但你的同学也希望得到这个礼物，所以现在你要做出选择，你愿意将礼物分享给其他人吗？"

**分享方向：** 无论学生是否得到礼物及礼物是否是自己想要的，老师都可以对这 6 个人的表现给予充分的肯定，进而表明如果我们不努力尝试，连获得礼物的机会都没有。

---

我的教学感悟

---

## 58. 我离烦恼有多近

**活动形式：** 自我分享与表达　　**适用学段：** 普遍适用　　**适用场地：** 团辅室

**适用主题：** 心理危机干预、心理健康

**游戏规则：**

（1）老师提前准备数量充足（至少与学生人数相同）的沙包（堆成一堆），所有人以沙包为中心围成 1 个圆圈（如果人数较多，可分组进行）。

（2）老师让学生闭上眼睛并回想过去一周自己的心情是怎样的，然后让大家想象沙包堆代表了令自己烦心的事，如果过去一周自己的心情很好，则向后退到自己认为合适的位置；

如果觉得自己的心情不好，则向前走到自己认为合适的位置。

（3）老师邀请离沙包较近的学生分享自己的烦恼，或者让其通过捶打沙包或把沙包扔出去的方式远离烦恼。

（4）总结。你离沙包近吗？你对自己的烦恼的感知是否正确？老师根据大家的回答进行总结。

**解析**：老师需要向大家说明，每个人都会遇到烦恼，感到不开心很正常，重要的是我们要正视并接纳自己的情绪。

**玩法变形：**

（1）变换主题，如沙包也可以指代"生气""郁闷""难受"等情绪。

（2）变换游戏规则，如沙包指代感恩的心，大家想起要感恩的一个人就从沙包堆中拿走一个沙包，最后比一比谁的沙包多，然后再通过互相扔沙包的方式把感恩的心送给彼此。

**分享方向**：每个人都会遇到令人烦恼的事，重要的是我们要学会觉察，如果我们觉得自己处理不了，就向他人寻求帮助；如果在玩游戏的过程中老师发现某个学生的情绪异常或者拒绝分享，应在课后了解具体情况。

---

**我的教学感悟**

---

# 59. 放松谈话

**活动形式**：自我分享与表达　　**适用学段**：普遍适用　　**适用场地**：团辅室

**适用主题**：开学或复学、疫情心理、心理危机干预、趣味心理

**游戏规则：**

（1）老师提前将以下问题分别写到纸条上。

①最难忘的开心时刻　　　　　　　⑥最尴尬的经历

②当我 × 岁时……　　　　　　　　⑦最难忘的生日

③曾经帮助过我的……　　　　　　⑧令我痛苦的事情

④最近发生的一件幸运的事　　　　⑨我的志愿（或梦想）

⑤令自己最难忘的一部电影　　　　⑩我最敬重的人

（2）老师将学生分成几组，大家轮流抽取 1 张纸条并按纸条上的问题分享自己的答案，其他学生认真倾听，也可以向分享的学生追问一个问题。

（3）总结。在大家分享和讨论的过程中，如果涉及令人伤感的话题，老师可以适时介入以调节气氛，最后进行总结。

**解析：** 大家的讨论和分享是释放压力和调整自己的过程，在游戏开始前老师需要强调保密原则，不能与其他人分享本组其他组员说的话。

**玩法变形：** 老师可以根据主题更换纸条上的问题，如我感觉最绝望的事情、令自己后悔的事情等。

**分享方向：** 当我们面对未能实现的愿望或强烈的情绪时，要想办法释放出来，否则可能会一直受其影响。

我的教学感悟

## 60. 勇敢表达

**活动形式：** 自我分享与表达　　**适用学段：** 初中　　**适用场地：** 教室

**适用主题：** 自信心理、开学或复学、角色意识

**游戏规则：**

（1）老师让每个人在纸上写下自己的 4 ~ 5 个优点，写完后和同桌分享自己写的内容。

（2）接下来，老师让每个人在纸上写下自己想要改掉的一些缺点或不良习惯，写好后再次与同桌分享自己写的内容。

（3）总结。老师问大家"你如何看待自己写下的优点和缺点""写自己的缺点时你是否感觉难以下笔""当你向同桌展示自己的优点或缺点时，其反应是什么"，并根据大家的回答进行总结。

**解析：** 这个游戏的作用是鼓励大家敢于展示自己的优点和缺点。

**玩法变形：** 老师将学生分成 10 人 1 组，每个人在纸上写下自己的 5 个缺点和 5 个优点，然后组内成员轮流互换纸条，大家根据对彼此的了解决定删除或增加对方的缺点或优点，直至自己写的纸条又回到自己的手中，每个人看一看纸条上的内容有哪些变化。

**分享方向**：我们能意识到自己的优点和缺点是一件好事，在适当的时候向别人展示自己的优点和缺点有利于我们更加全面地了解自己。

我的教学感悟

# 61. 击鼓传花

**活动形式**：自我分享与表达　　**适用学段**：小学低年级　　**适用场地**：教室

**适用主题**：生涯规划、目标管理、梦想教育、开学或复学、升学准备

**游戏规则**：

（1）老师提前准备一些已充气的气球，游戏开始后播放音乐，并拿出 1 个气球让学生彼此传递。

（2）当音乐停止后，手中拿着气球的人要说出一个职业的名称和对该职业的了解，以此类推，限时 5 分钟。

（3）总结。老师问大家针对刚才提到的职业有什么看法，并根据大家的回答进行总结。

**解析**：老师可以找一些与主题相关的音乐。

**玩法变形**：

（1）变换主题，如拿到气球的人可以分享自己这学期的目标、将来自己想做什么等。

（2）变换游戏规则，如让学生同时传递 2～3 个气球，音乐停止后拿到气球的人须以最快的速度说出老师提前准备好的问题的答案。

**分享方向**：这个游戏的主要作用是让老师引出职业规划这一主题。

我的教学感悟

# 62. 指尖的秘密

**活动形式**：自我分享与表达　　**适用学段**：普遍适用　　**适用场地**：团辅室

**适用主题**：亲子关系、人际关系、心理委员、网络成瘾、感恩教育

**游戏规则**：

（1）老师将学生分成 2 组并围成 1 个同心圆，2 组学生分别面对面站立。

（2）当老师说"手势"时，大家根据与对方的关系做出相应的动作：如果你与对方不熟悉且不愿意相互认识，就伸出 1 根手指并把脸转向右边；如果你与对方不熟悉但愿意相互认识，就伸 2 根手指并互相握手；如果你喜欢对方，就伸出 3 根手指并用双手握对方的手；如果你想与对方分享快乐和分担痛苦，就伸出 4 根手指并拥抱对方。如果 2 个人伸出的手指的数量不一样，则不需要做上述动作。

（3）大家做完动作后，内圈的学生顺时针移动一个人的位置，再次重复游戏，直至转一圈。

（4）总结。老师可以让学生想一想自己一般伸出几根手指，让每次都伸出较少手指的人思考一下原因或者让大家发表一下感想，老师根据大家的分享进行总结。

**解析**：有些学生一开始可能伸出 1 根手指，但是经过几轮游戏后就会从 1 根手指变成 2 根、3 根手指。

**玩法变形**：老师可以让大家有 2 次相遇的机会，并观察他们 2 次做出的反应是否有所不同。

**分享方向**：老师可以让从伸出 1 根手指到伸出 4 根手指的人说一下自己的感受，引出在人际交往中要懂得付出和感恩的内容。

我的教学感悟

# 63. 考后采访

**活动形式：** 自我分享与表达    **适用学段：** 初中    **适用场地：** 教室

**适用主题：** 考后心理

**游戏规则：**

（1）××考试刚结束，老师随机对学生进行采访，采访内容如下：你认为自己考得如何？考试成绩达到自己的预期目标了吗？有没有针对后续的学习计划做出相应的调整？

（2）老师将学生分成若干小组讨论以上问题，限时 10 分钟。

（3）总结。老师问大家"你对自己的这次考试表现满意吗""与组内的其他同学相比，你认为自己的学习方法及学习态度如何，接下来你会做出哪些改变"，并根据大家的回答进行总结。

**解析：** 这个游戏的重点是让学生反思并及时调整自己的学习状态。

**玩法变形：** 以"猜数字"的形式进行，老师选定一个数字（如 6），学生轮流从 0 ～ 10 中猜，未猜中的学生需要回答问题，直至全部问题都有若干学生回答过。

**分享方向：** 每次考完试后大家都可以进行短暂的放松，但放松完后要对自己的考试表现进行分析并对接下来的学习及时做出调整。

---

我的教学感悟

---

# 64. 我有你没有

**活动形式：** 自我分享与表达    **适用学段：** 初中    **适用场地：** 团辅室

**适用主题：** 考后心理

**游戏规则：**

（1）老师让所有人围成 1 个圆圈（如果人数较多可分组进行），大家伸开右手并回想一下自己之前经历过但其他人可能没有经历过的失败经历，限时 5 分钟。

（2）大家轮流说出自己刚才想到的经历，说不出来的人就收回 1 根手指，每个人有 5 次机会，坚持到最后的人获胜。

（3）总结。老师问大家"你如何看待失败""听完大家的分享，你有什么新的想法吗"，并根据大家的回答进行总结。

**解析：** 老师可以先向大家示范如何分享自己的失败经历。

**玩法变形：** 老师可以让学生提前把自己失败的经历写在便利贴上，最多写 5 条，然后随机粘贴在黑板上，学生自由观看并把与自己经历相似的便利贴揭下来，最后看黑板上是否还剩下便利贴，如果有就证明这些经历很特别，如果没有则表明大家的经历都相似。

**分享方向：** 每个人都会经历失败，而且大家会有相似的失败经历，关键是我们如何看待失败。

---

我的教学感悟

---

# 65. 玻璃人生

**活动形式：** 自我分享与表达　　　**适用学段：** 高中　　　**适用场地：** 教室

**适用主题：** 自我意识、心理危机干预

**游戏规则：**

（1）老师给每个人发 1 张纸，纸上画有 1 个玻璃杯，玻璃杯上有 1 个黑色的点。老师引导学生观察纸上的玻璃杯并问学生看到了什么，然后让学生自由发言。

（2）老师让学生用笔在白纸的背面画 1 个黑点并引导他们思考：假如这张白纸代表了你过去的人生，上面这个黑点是你过去留下的遗憾，现在你打算如何处理这个黑点？就这个问题让学生自由讨论，最后大家在纸上写几句自己最想说的话。

（3）总结。老师问大家"玻璃杯上的黑点代表了什么""我们能靠自己的努力消除这个'黑点'吗"，并根据大家的回答进行总结。

**解析：** 老师可以通过这个游戏让学生正确认识自己之前留下的"遗憾"。

**玩法变形：** 老师可以将黑点改为一幅图画，然后让学生对图画进行加工；老师还可以将纸的正反面当作不同的立场，然后提供一个案例，让学生学会变换立场分析案例。

**分享方向**：每个人及其做的每件事都有不完美的地方，我们要学会接纳这些不完美。

我的教学感悟

# 66. 负压前行

**活动形式**：自我分享与表达、解难　　**适用学段**：初中　　**适用场地**：户外或空旷场地

**适用主题**：压力应对、心理健康

**游戏规则**：

（1）老师给每个人发 1 条丝带，然后让大家回想最近一周自己感受到的压力及所对应的重量，并找一个相应重量的物品绑在丝带上。

（2）老师在地上画 1 个直径约 10 米的圆，并标注出圆心，每组学生轮流把各自的丝带扔向圆心，看谁的丝带更接近圆心，大家扔的时候要注意安全。

（3）总结。老师问大家"你的丝带离圆心远还是近""这个游戏对你有什么启发""我们该如何应对压力"，并根据大家的回答进行总结。

**解析**：这个游戏形象地向大家展示了耶克斯 - 多德森定律，即压力太大或太小对一个人的表现都会产生不利影响。

**玩法变形**：老师将学生分成几组并在地上画几个不同直径的圆，每组学生自己选择圆的大小并将丝带扔向圆心，丝带离圆心最近且数量最多的小组获胜，由此可以看出大家定的目标是与自己的能力相符、低于自己的能力还是高估了自己的能力。

**分享方向**：有时压力是前进的动力，但如果压力太大可能会适得其反。

我的教学感悟

## 67. 我的未来故事

**活动形式：**自我分享与表达、书写练习　　**适用学段：**初中　　**适用场地：**教室

**适用主题：**压力应对、梦想教育、疫情心理、考后心理、挫折教育

**游戏规则：**

（1）老师通过以下话语引导学生进行书写。

请你发挥创意，任意创作属于你的未来故事，注意最重要的是要发挥你的优势。你理想中的未来是什么样？那时你的生活与现在会有何不同？你会如何利用自己的长处实现理想中的未来？你希望自己成为怎么样的人？思考以上问题并写下你的答案。

（2）所有人都写完后，老师让大家想一想目前自己离故事中的自己有多远。

（3）总结。老师请个别学生发言并进行总结。

**解析：**老师让学生对自己的未来进行畅想，进而激发他们努力学习。

**玩法变形：**老师可以提供一些工具让学生以图画的形式对自己的未来进行畅想。

**分享方向：**在大家书写的过程中，老师观察并选择一些学生的故事进行分享。

---

我的教学感悟

---

## 68. 天马行空的梦

**活动形式：**自我分享与表达、书写练习　　**适用学段：**初中　　**适用场地：**教室

**适用主题：**梦想教育

**游戏规则：**

（1）老师给每个人发 1 张便利贴，让大家在便利贴上写下自己的梦想并收回，老师逐一读出大家的梦想，然后把这些梦想分为"可能实现的梦想"和"天马行空的梦想"。

（2）老师提前在 1 张大的白纸上画 1 棵大树，并将学生的梦想贴在大树上相应的位置，学生分批上台对"梦想树"进行完善，大家想一想实现自己的梦想需要做些什么。

（3）总结。老师问大家"你的梦想被分为了哪一类，你同意这种分类吗""有些梦想真的

天马行空、不切合实际吗"，并根据大家的回答进行总结。

**解析**：这个游戏旨在拉近学生与自己的梦想之间的距离，让大家想一想如何实现自己的梦想。

**玩法变形**：老师将学生分组并加上讨论环节，在每个人说出自己的梦想后，从每组中选出一个"最天马行空的梦想"并让组员提供实现这个梦想的方法，由老师进行记录并形成一张思维导图。

**分享方向**：梦想没有对错和好坏之分，只要我们努力，那些看上去"天马行空的梦想"也有可能实现。

> **我的教学感悟**

# 69. 我与你不同

**活动形式**：自我分享与表达、小组讨论　　**适用学段**：小学高年级　　**适用场地**：教室

**适用主题**：人际关系、自我意识、自信心理、人格特质

**游戏规则**：

（1）老师将学生分成 10 人 1 组，并给每个人发 1 张白纸，学生在纸上匿名写下自己最容易被别人认出的特征，写完后老师分组统一收回。

（2）老师将收回的纸在组内打乱并随机分发给原来各组的成员，让大家猜一下自己拿到的纸是哪个组员写的。

（3）总结。老师问大家"你写的特征被他人认出来了吗""你和其他人有什么不同之处"，并根据大家的回答进行总结。

**解析**：这个游戏可以让学生对自己和周围的人有更深入的了解。

**玩法变形**：将所有学生分成 2 组，2 组学生分别写下对方小组中某个人的特征，写完后 2 组学生交换所写的纸，猜一下纸上所写的是谁，猜中数量多的组获胜。

**分享方向**：每个人都有一些特别的特征，有些学生所写的特征可能没有被辨认出来，但这并不意味着这个人没有特征，只是大家观察的角度不同而已。

我的教学感悟

# 70. 理想与现实

**活动形式：** 自我分享与表达、心理测试　　**适用学段：** 高中　　**适用场地：** 教室

**适用主题：** 自我意识、备考或考试心理（自我效能感）、自信心理、人格特质（自我同一性）、偶像崇拜、心理健康、趣味心理

**游戏规则：**

（1）老师用幻灯片呈现 1 张图片（小猫照镜子，镜子中显示的是狮子），让学生分享看完图片后的感想和启发，进而引导学生思考"现实中的我与理想中的我"。

（2）老师提前准备 1 个盒子，盒子里有很多动物的图片，老师让学生从盒子中选 1 种动物代表自己，也可以自己说 1 种动物，大家分享为什么选择这种动物。

（3）总结。老师引导学生讨论，除了通过"照镜子"发现自己的独特之处外，还有什么办法可以全面地认识自己，并根据大家的回答进行总结。

**解析：** 每个人在成长的各个阶段都会对自己有不一样的认识，这个游戏可以让大家对自己有全面的认识，明确自己的目标。

**玩法变形：**

（1）老师选择几种动物并制作成大卡片，学生选择哪种动物就站在相应的卡片后面。

（2）如果学生不愿意公开表达，老师可以通过"秘密纸"（只有学生自己知道）的形式进行，减少学生当众表达的压力。

**分享方向：** 老师分享的重点是引发学生进行思考，可以在总结时进行适当的补充。

我的教学感悟

# 71. 向左走，向右走

**活动形式：**自我分享与表达、心理测试　　**适用学段：**初中　　**适用场地：**团辅室

**适用主题：**性教育、校园欺凌、偶像崇拜、心理危机干预、心理健康、抑郁知识科普

**游戏规则：**

（1）老师提前准备一些是否题，如你是否有崇拜的偶像、你的家人或朋友是否知道你的偶像是谁、你的家人或朋友是否支持你崇拜偶像等，游戏开始后老师让所有学生排成一列并闭上眼睛。

（2）老师问大家上述问题，学生根据自己的实际情况做出选择，"是"则向右迈一步，"否"则向左迈一步，之后复位，老师接着问下一个问题。

（3）总结。老师组织学生讨论并进行总结。

**解析：**这个游戏属于站位游戏，可以根据参与人数确定场地，如果人数较多，则需选择户外或分多列进行。

**玩法变形：**

（1）问题可以根据主题灵活设置，如价值观、异性交往、情绪等。

（2）变换游戏规则，如学生不复位，继续根据老师的问题选择向左或向右迈步。

**分享方向：**大家的选择没有对错之分，这个游戏可以帮助学生了解自己内心的真实想法。

> 我的教学感悟
>
>

# 72. 有趣的 E

**活动形式：**自我分享与表达、艺术性表达　　**适用学段：**普遍适用　　**适用场地：**团辅室

**适用主题：**亲子关系、人际关系、自我意识（自我接纳）、情绪心理（情绪调节）、性教育、学习心理（学习方法）、备考或考试心理（考试方法）、心理委员、价值观、积极心理、创造性思维、偶像崇拜

**游戏规则：**

（1）老师在1张大的白纸上写1个"E"，让所有学生围坐成1个圆圈，并将写有"E"的白纸放在圆圈中间，让大家轮流描述从自己坐的位置看纸上写的是什么。

（2）由于角度不同，大家会看到不同的图像，如"3""山""m"等，然后让学生任意换位置再看一看。

（3）总结。老师问大家"为什么大家看到的不一样，这对你有什么启发"，并根据大家的回答进行总结。

**解析：**这个游戏的作用是带出教学主题。

**玩法变形：**你可以自由发挥自己的创意。

**分享方向：**从不同的角度看问题往往会得到不同的答案或结果。

我的教学感悟

## 73. 幸运转盘

**活动形式：**自我分享与表达、重新检查目标　　**适用学段：**普遍适用　　**适用场地：**教室

**适用主题：**校园欺凌

**游戏规则：**

（1）老师提前准备1个转盘，在转盘的四周写上"投入度""理解度""期望值""怎么做""由旁边的同学分享全部问题的答案"等。

（2）老师将学生分成几组，每组派1人转转盘，转盘停止后，学生按箭头的指向完成作答。

（3）对应的问题：投入度——在刚才的游戏中，你是否很投入？理解度——你如何理解这节课的主题？期望值——你期望自己在接下来（的游戏中）有什么改变？怎么做——接下来你会怎么做？

（4）总结。老师根据大家的回答进行总结。

**解析：**这个游戏通过趣味转盘的形式，让学生在轻松的氛围中分享自己的想法，还设置了变换回答对象的选项，可以提升学生参与的积极性。

**玩法变形：**

（1）转盘可以换成抽签，如用扑克牌抽签，每种花色代表一个问题。

（2）变换主题，如变换转盘上的问题即可变换主题。

**分享方向：**老师要对学生的回答进行点评，及时发现和调整学生的讨论和分享方向。

---

我的教学感悟

---

# 互相反馈

互相反馈指老师通过特定的活动或游戏让学生了解其他人的观点、评价、祝福或建议，也可以是对反馈进行再反馈等。考虑场地、时间、学生认知水平和希望营造的氛围等因素，互相反馈活动可以分为以下几类。

- 刻度反馈：类似温度计、刻度计，老师让学生以刻度化的方式对自己或别人的表现、情绪和其他与主题相关的内容进行反馈。

- 留言反馈：适用于内隐态度的反馈，对有些学生而言，直接当众表达自己内心的想法有一定的难度，此时老师可以通过留言或者直接在对方背上贴纸条的方式进行反馈。

- 站位反馈：学生通过空间站位和身体移动进行反馈，适用于分组竞赛性质的反馈。例如，学生支持什么就选择站在相应的位置（站位也可以换成手搭肩膀等），等学生站位结束后，老师再组织学生进行讨论。

- 奖品反馈：学生在玩游戏过程中获得了奖品，然后通过将自己的奖品送给他人的方式表达对某个人（小组）或观点的赞同。

- 集体反馈：老师让每个人都有机会收到集体反馈，如将学生分组后让他们围成圆圈，每个人轮流站在中间接受其他学生的优点大轰炸。

- 一对一反馈：老师让学生自主选择或随机选择对其他人的一对一的反馈，之后邀请学生分享收到的反馈信息。

# 74. 温度计

**活动形式**：互相反馈　　**适用学段**：初中　　**适用场地**：教室

**适用主题**：人际关系、情绪心理（情绪觉察）

**游戏规则**：

（1）老师将学生分成几组，每人都扮演一个温度计，然后测一测组内其他人的情绪是多少度（老师提前设置一个范围），同时也测量一下自己的情绪温度，并把所有的测量结果写在纸上。

（2）组内所有人都测完后，大家轮流说出自己测量的温度并说明理由。

（3）总结。老师问大家"你感知到的自己的情绪温度和他人感知到的你的情绪温度是否相同，为什么"，并根据大家的回答进行总结。

**解析**：这个游戏可以让大家学会感知自己和他人的情绪，并把情绪用语言表达出来。

**玩法变形**：

（1）变换游戏规则，老师提前准备一些道具（冰袋、暖宝宝），让学生计算出小组成员的平均情绪温度，与标准温度（当天实际气温 ±5℃）进行对比，如果组内成员的平均情绪温度低于标准温度，则需要每人拿1个冰袋；如果高于标准温度，则每人贴一个暖宝宝。

（2）降低游戏难度，如按照"冷""热""平和"三个维度对组内成员及自己的情绪温度进行判断。

**分享方向**：由于受很多因素的影响，我们的实际情绪与他人感知到的我们的情绪之间可能存在偏差。

---

我的教学感悟

# 75. 糖衣炮弹

**活动形式**：互相反馈　　**适用学段**：普遍适用　　**适用场地**：教室

**适用主题**：人际关系、自我意识、备考或考试心理（自我效能感）、自信心理、积极心理、人格特质（个性品质）

**游戏规则**：

（1）老师将学生分成几组（每组约 8 人），并给每人发 10 张彩色便利贴，学生将自己想要对组内某个人的赞美写在便利贴上，再分别制作成"糖果"，限时 5 分钟。

（2）大家把自己制作的"糖果"送给相应的人，只有自己的"糖果"都送完后才能打开收到的"糖果"，限时 3 分钟。

（3）大家在组内交流自己收到的"糖果"，并把上面的内容读出来。

（4）总结。老师问大家"你收到多少颗糖果""当收到糖果时，你内心的感受如何""当你看到别人对自己的赞美时有什么感受"，并根据大家的回答进行总结。

**解析**：大家可以赞美熟悉的人，也可以赞美初识的、需要鼓励的人等。

**玩法变形**：老师给每人发 5 颗糖果，让大家自由赠送糖果，在送出糖果时需说出对方的一个优点，同时区分送出去的糖果和收到的糖果，游戏结束后，看看大家分别收到了多少颗糖果。

**分享方向**：赞美就是发现别人的优点和长处，在接受他人的赞美时，我们可能会发现一些自己平时没有注意到的优点。

我的教学感悟

# 76. 我的A4纸

**活动形式**：互相反馈　　**适用学段**：高中　　**适用场地**：团辅室

**适用主题**：生涯规划、亲子关系、自我意识、人格特质（个性品质）

**游戏规则**：

（1）老师给每人发 1 张 A4 纸，让大家在纸的一面写上"我眼中的自己"，在另一面写上

"别人眼中的我"，每一面都分成两栏，分别写上"我的优点"和"我的缺点"。

（2）大家写好"我眼中的自己"后，在教室内自由走动，邀请其他人为自己写另一面的内容，每栏至少写 6 条。

（3）总结。老师问大家"你对自己的认识与别人对你的认识有什么不同""你认为其他人对你的描述准确吗"，并根据大家回答进行总结。

**解析**：老师也可以参与到游戏中，了解学生对老师的看法，同时建议大家邀请不熟悉的人为自己写。

**玩法变形**：

（1）变换游戏规则，如用几句话描述现在的我、将来的我（或理想中的我）和如何由现在的我转变成将来的我，5 分钟后由老师带领大家分享。

（2）增加游戏环节，如尝试把"我眼中的自己"与"别人眼中的我"与不同的职业进行匹配，最后看匹配的职业是否相同。

**分享方向**：老师可以根据主题进行适当的分享，如生涯规划、怎么评价他人及怎样看待他人的评价等。

> 我的教学感悟

# 77. 互相赞美

**活动形式**：互相反馈　　　**适用学段**：普遍适用　　　**适用场地**：教室

**适用主题**：校园欺凌、趣味心理

**游戏规则**：

（1）老师将学生分成 2 人 1 组，大家在以下几个方面对对方做出评价：外貌、性格、才艺。老师需提前强调，每个人都渴望获得他人的赞美，每个人都记下被赞美时自己的感受、想法和反应。

（2）总结。老师问大家"在赞美他人时，你有什么感觉""当听到他人的赞美时，你有何感受"，并根据大家的回答进行总结。

解析：这个游戏可以让学生体验被赞美的感觉，在日常的交往中，我们要发现对方的优点，并且不要吝啬自己的赞美。

玩法变形：你可以自由发挥自己的创意。

分享方向：当我们获得到他人的赞美时，不妨也给他人一些赞美。

我的教学感悟

## 78. 背后留言

活动形式：互相反馈　　适用学段：高中　　适用场地：团辅室

适用主题：生涯规划、人际关系、自我意识

游戏规则：

（1）老师给每个人发 1 张 A4 纸，大家拿到纸后先在纸上写下自己的名字和一句想要对即将在这张纸上留言的同学的话，写好后大家互相帮忙把写的纸贴在自己的后背上。

（2）大家自由走动并在其他人的后背上写下对他的评价，限时 10 分钟。此环节结束后大家分别取下后背上的纸，看一看他人给自己的留言。

（3）总结。老师问大家"你认同大家对你的评价吗，他们为什么会给你这样的评价""评价中是否有你从未曾发现的自己的优点或缺点""你还有其他感受想要分享吗"，并根据大家的回答进行总结。

解析：背后留言有一定的匿名性，因此写留言的人可以大胆地写出自己的想法。

玩法变形：你可以自由发挥自己的创意。

分享方向：我们要正确看待他人对我们的评价。

我的教学感悟

## 79. 我的角色

**活动形式**：互相反馈　　**适用学段**：高中　　**适用场地**：教室

**适用主题**：自我意识、角色意识

**游戏规则**：

（1）老师将学生分成几组，每组成员讨论一下自己扮演的社会角色并选出 1 人作为代表把讨论结果记录下来。

（2）老师给每个人发 1 张白纸并让大家在纸上写下自己的名字，每个人根据组内讨论的社会角色结果进行自我评价：在每个角色旁边用 3 个词来形容自己，其中必须包含 2 个优点和 1 个缺点。

（3）大家把写好的纸放在桌子上，然后自由走动并在其他人的纸上写下对对方所扮演的社会角色的评价。如果你认同对方对自己的评价，可以在后面以画"正"字的方式进行投票，或者补充你对他的评价，限时 6 分钟。

（4）总结。老师问大家"你对自己的社会角色的定位是什么，做完这个游戏后你有新的想法吗"，并根据大家的回答进行总结。

**解析**：这个游戏可以让学生通过自我评价和他人评价更深入地了解和认识自己。

**玩法变形**：除了他人的评价外，大家讨论的内容还可以是能力、性格、价值观、兴趣等。

**分享方向**：随着年龄的增加，我们不再只是孩子、学生，而是扮演更多的社会角色。

我的教学感悟

# 信任

信任活动指个人无法完成，需要团体成员互相帮助、互相信任才能完成的挑战或游戏。在这种情况下，每个人都需要他人，信任关系由此建立起来。根据人类的原始恐惧（害怕黑暗、失重、突然的巨响、未知的恐惧物等），信任活动分为以下四种。

- 克服黑暗的信任活动。例如，老师用一些物品作为障碍物，然后找 2 个人扮演盲人和指路者，让盲人穿过障碍物，指路者在一旁引导，大家轮流进行角色扮演。

- 克服失重的信任活动。信任倒或同心圆都属于这类活动，这类活动需要团队成员之间充分信任和配合，因此有一定的难度，参与人员最好是高中生及以上的成年人。

- 克服突然的巨响信任活动。例如，使用气球作为主要障碍物，参与者身上绑着针状物（如铅笔）并蒙着眼，在其他人的引导下穿过障碍物，同时避免扎到气球。

- 克服未知恐惧物的信任活动。例如，摸黑箱找物的游戏，老师讲述黑箱中有一些让人感到恐惧的东西（如青蛙、壁虎、虫子、小蛇之类的道具），然后让学生把手伸进箱子里，负责摸的学生看不见里面的东西，而其他人可以看见。

# 80. 信任倒

**活动形式**：信任　　**适用学段**：初中　　**适用场地**：户外或空旷场地

**适用主题**：人际关系、自我意识（自我暗示）、生命教育、应激反应、角色意识

**游戏规则：**

（1）老师将学生分成几组，每组 11 ~ 17 人（需为单数），每组选出 1 人站在高处（约 1 米），其他组员在站着的同学背后面对面站成两列且肩膀挨肩膀，大家用右手紧握左手手腕，面对面的 2 个人用左手握住对方的右手手腕，形成一个"手结"。

（2）站在高处的学生双臂交叉环抱在胸前，闭上眼睛并问背后的组员"你们准备好了吗？我可以相信你们吗？"当听见下面的人回答"我们准备好了，请相信我们！"之后，高处的学生往后倒，下面的学生用手臂结成的网接住他。其他组员轮流站在高处进行体验。

（3）总结。老师问大家"在刚才的游戏中，你分别担任了支撑者和倒下者，你的感受如何""当准备向后倒时，你相信大家吗"，并根据大家的回答进行总结。

**解析**：老师需要确保学生的安全，可以在下面放一个软垫子，游戏开始前说明有特殊情况的学生可以不参与游戏。

**玩法变形**：变换为同心圆游戏，其他组员围成 1 个圆圈，用手扶着和托住中间倒下来的学生。

**分享方向**：老师可以通过这个游戏引出人与人之间的信任、学生的团队凝聚力意识以及

责任意识等内容。

我的教学感悟

## 81. 同心圆

**活动形式**：信任　　　**适用学段**：初中　　　**适用场地**：户外或空旷场地

**适用主题**：人际关系、环境适应、生命教育、感恩教育、应激反应、角色意识

**游戏规则**：

（1）老师先选出 1 人站在中间，其他人围成 1 个圆圈并面向中间的学生，大家的肩膀彼此紧紧地挨着（如果人数较多，可以分组进行），双臂往前伸，手掌向前，掌心对着中间的学生，手掌离中间的学生一个拳头的距离。

（2）站在中间的学生闭上眼睛，双臂交叉放在胸前，然后四周的学生问中间的学生"你准备好了吗"，中间的学生回答"我准备好了"，接着中间的学生挺直身体向后倒，其他人用手掌托住他并把他向其他方向推。中间的学生转完一圈后，站好并慢慢地睁开眼睛，对周围学生说"谢谢你们"。其他人轮流站在中间进行体验。

（3）总结。老师让大家分享自己的感受并进行总结。

**解析**：在玩游戏的过程中，老师要提醒大家注意安全。

**玩法变形**：你可以自由发挥自己的创意。

**分享方向**：当我们觉得无助的时候，其实有很多人在背后默默地支持我们。

我的教学感悟

## 82. 地雷阵

**活动形式**：信任　　　**适用学段**：普遍适用　　　**适用场地**：户外或空旷场地

**适用主题**：学习心理（学习态度）、压力应对（抗压能力）、梦想教育

**游戏规则**：

（1）老师提前准备好以下材料：1 根长绳子、若干障碍物道具。老师和学生一起布置场地：先用绳子圈出一个活动范围，并在其中随意放一些道具（如小球、玩偶等）作为障碍物。

（2）老师将学生分成 2 人 1 组，其中 1 人蒙住眼睛在绳子圈中的范围内穿过"地雷阵"（障碍物就是地雷），另外 1 人在圈外进行指挥，如果蒙眼者踩到"地雷"，那么游戏需重新开始。

（3）总结。老师问"大家在通过地雷阵的时候，有什么想法""在现实生活中，如果我们遇到了阻碍，会如何寻求帮助"，并根据大家的回答进行总结。

**解析**：老师在选障碍物时，不要找坚硬或尖锐的物品。

**玩法变形**：2 ~ 3 组学生同时穿过"地雷阵"，如果彼此相撞，游戏则需重新开始。

**分享方向**：在学习或追寻梦想的过程中，我们会遇到一些阻碍，此时除了自己想办法解决，还可以听听别人的意见。

---

我的教学感悟

---

## 83. 蒙眼抽物

**活动形式**：信任　　　**适用学段**：普遍适用　　　**适用场地**：教室

**适用主题**：人际关系、备考或考试焦虑（专注力）、考前压力应对、人格特质（心理弹性）、应激反应、挫折教育

**游戏规则**：

（1）老师提前准备 1 个透明的箱子，里面装有各种小物品。老师将学生分成 2 组：任务组和指令组。

（2）老师从任务组和指令组中各选 1 人，并把任务组学生的眼睛蒙上，让其从箱中抽取

指令组学生说出的物品，其他人依此轮流进行。

（3）总结。老师让大家分享自己的感受并进行总结

• （任务组）你伸手摸箱子里的物品时有什么感受？你信任指令组学生的"指令"吗？

• （指令组）你能看到指定物品所在的位置，你是如何让对方顺利拿到物品的？

**解析：**箱中的物品尽量种类多且有相似性，如橡皮擦与积木，以增加游戏的难度。

**玩法变形：**老师将学生分成任务组和氛围组，任务组学生自由抓取箱中的物品，氛围组学生在一旁做出错误的指引，以干扰任务组学生完成任务。

**分享方向：**当外界环境对我们产生干扰或让我们感到有压力时，该如何克服压力和恐惧。

> **我的教学感悟**

# 84. 相扶相持

**活动形式：**信任 **适用学段：**小学高年级 **适用场地：**团辅室或户外

**适用主题：**亲子关系、人际关系、性教育（异性交往）、生命教育、角色意识

**游戏规则：**

（1）老师让学生分批戴上眼罩在室内自由行走，以体验盲人的日常生活，然后将学生分成"拐杖"组和"盲人"组，"拐杖"需要协助"盲人"走到室外，并完成室外的障碍之旅，之后2组互换角色继续体验。

（2）总结。老师问大家"当在室内被蒙着眼睛自由行走时，你的感觉如何""当有'拐杖'搀扶你的时候感觉又如何"，并根据大家的回答进行总结。

**解析：**障碍的设计可以有楼梯、独木桥等，但老师一定要确保大家的安全。

**玩法变形：**你可以自由发挥自己的创意。

**分享方向：**当大家体验完盲人的日常生活后，老师可以引导他们感恩和珍惜眼前的生活；此外，当他人需要帮助时，我们要学会换位思考并伸出援手。

我的教学感悟

## 85. 蒙眼对战

**活动形式**：信任、沟通　　**适用学段**：普遍适用　　**适用场地**：户外或空旷场地

**适用主题**：备考或考试心理、考前压力应对、角色意识

**游戏规则**：

（1）老师将学生分成几组，最好是双数组，以便 2 组同时进行游戏。

（2）老师在地上画 1 个大小适中的圆圈，其中一组选出 1 人站在圆圈中并被蒙住双眼，另一组学生全部站在圆圈内，被蒙眼者手拿泡沫棒击打另一组学生。被蒙眼者所在组的其他成员可以在圆圈外进行提醒，被蒙眼者打中对方组任何一人则换本组其他人上场击打，然后 2 组互换角色直至所有人都体验一次。

（3）总结。老师可以问大家"对于刚才的游戏，令你印象深刻的时刻是什么"，并根据大家的回答进行总结。

**解析**：老师可以通过这个游戏启发学生对考试心理和角色意识进行思考。

**玩法变形**：老师将学生分成 4 组，每组每次派出 1 人且都被蒙上双眼，4 人分别从正方形的 4 个角走到对角，同组学生可以引导本组被蒙眼者，这 4 个人不能与其他人有身体触碰，否则游戏重新开始，最快到达的小组获胜。

**分享方向**：老师可以从在学习中如何吸收和筛选有用的信息引导学生进行思考。

我的教学感悟

# 86. 风雨人生路

**活动形式**：信任、引导式幻想　　**适用学段**：小学高年级　　**适用场地**：户外或空旷场地

**适用主题**：亲子关系、人际关系、性教育、开学或复学、疫情心理

**游戏规则**：

（1）老师给每人发 1 个眼罩并让大家戴上眼罩。

（2）大家牵着旁边人的手，由老师带领一起走过障碍路段，然后返回并取下眼罩。

（3）老师播放音乐并读出以下独白。

请大家紧紧地握住旁边人的手，慢慢地闭上眼睛。回想我们刚刚走过的那段旅程，是谁牵着你的手，让你不会跌倒？这双手写满了关心、爱护、责任。因此，我们要做一个心怀感恩的人。我们首先要感谢我们的父母，是他们从我们呱呱坠地到迈出生命中的第一步，再到慢慢长大，一直围绕在我们左右，为我们提供支持。我们还要感谢生命中的重要他人，现在他们仿佛就站在我们的面前，对着我们微笑。（5 秒后）好了，现在，让我们深吸一口气，慢慢地睁开眼睛。

（4）总结。老师问大家在牵手走过障碍路段时遇到了什么，回想在生活中家人和他人给予我们的帮助，并根据大家的回答进行总结。

**解析**：老师可以通过这个游戏让学生回想家人和他人为自己做的一切。

**玩法变形**：

（1）如果条件允许，老师可以让学生邀请父母一起参与，并在游戏快结束的时候让父母从教室后面走进来，让学生给自己的父母一个拥抱。

（2）增加环节，如游戏结束后让大家写 1 张感恩小卡片，并把想要说的话写下来。

**分享方向**：父母是我们最需要感恩的人，老师可以引导大家思考父母平日的辛苦和付出。

我的教学感悟

# 沟通

沟通活动指老师在游戏中设置一些情景，让学生了解日常沟通中可能会遇到的各种问题，以及如何更好地自我表露和交流信息。沟通过程一般可分为信息发出、信息传递、信息接收三个环节。而在沟通中往往会存在以下问题：信息缺失、信息传递衰减、信息理解的多样化、缺乏反馈等。围绕这些问题，沟通活动大致可以分为以下几种。

- 信息缺失。例如，在"猜人"游戏中，老师逐渐给出线索，看大家谁最先猜对。此外，也可以猜情绪、动物、物品等。

- 信息传递衰减。例如，"传话接龙"游戏，几个人轮流传递同一个信息，将最后一个人接收的信息和最开始的信息进行对比。

- 信息理解的多样化。例如，"我说你做""摆七巧板"等都属于这类游戏，即一个人靠语言指令完成任务，如撕纸、摆放固定形状的七巧板，每个人对指令的理解不同，最后的结果也可能不同。

- 缺乏反馈。例如，在"是否"游戏中，仅靠是和否两种反馈就可以帮助他人猜出目标物或目标词汇，这个游戏可以充分说明反馈的重要性。

- 综合锻炼。在游戏中还原沟通的过程，并对沟通中出现的问题进行讨论，形式可以分为自由主题沟通和三人小组沟通。自由主题沟通是让学生进行一对一的沟通，重点在于体会人与人之间沟通的差别。三人小组沟通的重点在于练习沟通技巧，其中两个人进行沟通，第三个人充当观察者的角色。

## 87. 电波传输

**活动形式：**沟通　　**适用学段：**高中　　**适用场地：**团辅室

**适用主题：**学习心理、备考或考试心理（专注力）、心理委员、智力开发（注意力）、自律和自控（专注力）

**游戏规则：**

（1）老师让所有学生围成 1 个圆圈并坐下（如果人数较多，可分组进行），每个人都向两边伸出双手，右手手心向下、左手手心向上，与左右两边的人的手掌搭在一起。

（2）老师让所有人闭上眼睛，随机选择 1 人开始向右边的人发出信息（如在对方手心轻轻地点一下），以此类推，大家要仔细感受信息的强度和速度。

（3）总结。老师问大家"你是否认真感受别人传过来的电波""你是否准确地把电波传递给下一个人""你（电波发起人）觉得最后收到的电波与你最初发出去的电波一样吗"，并根据大家的回答进行总结。

**解析：**这个游戏尽量在安静的环境中进行，游戏开始前，老师先让大家平复心情，这样才能用心感受电波。

**玩法变形：**

（1）老师可以让几个学生同时发出几个电波，如顺时针和逆时针同时进行。

（2）加入滚雪球玩法，减少每组学生的数量，在接收前一个人的电波后再加入新的电波并传递下去，以此类推，最后验证传递的电波是否正确。

**分享方向：**让学生学会等待并用心感受对方发出的信息。

> 我的教学感悟
>
>

# 88. 听指令剪纸

**活动形式：**沟通　　**适用学段：**初中　　**适用场地：**团辅室

**适用主题：**亲子关系、学习心理（学习方法）、开学或复学

**游戏规则：**

（1）老师让所有学生围成 1 个圆圈、背朝圆心坐下并给每个人发 1 把剪刀和 1 张彩纸。

（2）大家根据老师的指令剪纸，其间不能讨论、交流和提问，剪完后让大家把剪纸展开并自由交流。

（3）老师让大家面朝圆心坐下并给每人再发 1 张彩纸，大家根据老师的指令剪纸，其间大家可以互相讨论和向老师提问，剪完后让大家把手中的剪纸展开并自由交流。

（4）总结。老师问大家"你认为这两次剪纸活动的区别是什么""这个游戏对你的日常生活和学习有什么启发"，并根据大家的回答进行总结。

**解析：** 当大家展示自己的剪纸时，老师需要注意一些与众不同的"作品"。

**玩法变形：** 降低游戏难度以适应较低学段的学生，如简化两次剪纸的指令、两次剪纸的指令一样、把剪纸变成撕纸等。

**分享方向：** 老师可以通过这个游戏让学生意识到双向沟通是有效沟通的基础。

---

我的教学感悟

---

# 89. 我说你画

**活动形式：** 沟通　　　**适用学段：** 初中　　　**适用场地：** 团辅室

**适用主题：** 亲子关系、心理委员、角色意识

**游戏规则：**

（1）老师选出 1 人作为"传达者"，其他人是"接收者"。"传达者"用 2 分钟认真看一张图画，然后背对着大家通过肢体动作传达图画中的内容；"接收者"根据"传达者"的肢体动作在纸上画出图案，"接收者"之间不能交流。大家画完后展示自己的画，并让"接收者"和"传达者"分享自己的感受和想法。

（2）老师再选 1 人作为"传达者"，其他人是"接收者"。"传达者"用 2 分钟认真看另一张图画，然后用 2 分钟组织语言，然后"传达者"面对着"接收者"描述图画的内容，"接收者"可以提问。大家画完后展示自己的画，并让"接收者"和"传达者"分享自己的感受和想法。

（3）总结。老师可以让学生说一说两轮游戏的差别并进行总结。

**解析：** 老师可以作为旁观者认真观察学生在游戏过程中的表现。

**玩法变形：** 老师可以调整图画的难易程度以使这个游戏适用于不同学段的学生。

**分享方向：** 这个游戏可以锻炼"传达者"的理解和表达能力，老师在分享时要客观地进行分析。

我的教学感悟

## 90. 无声的任务

**活动形式**：沟通　　**适用学段**：初中　　**适用场地**：团辅室

**适用主题**：人际关系、心理委员、积极心理、角色意识、趣味心理

**游戏规则**：

（1）老师将学生分成2人1组，2人分别扮演说话者和聆听者。每个聆听者写下一句话（想让说话者说的话），比如"我最近感觉压力很大"或者"我喜欢吃西瓜"。说话者的任务是与对方说话，说话的内容随意，并从聆听者那里寻求反馈。聆听者的任务是积极地做出反应（如微笑、点头、摇头），除此之外不能有其他形式的反馈，让说话者逐渐说出自己之前写下的那句话，限时5分钟。

（2）当说话者完成任务时，聆听者举手示意，表示任务已经完成。游戏结束后，老师可以从完成任务的小组和未完成任务的小组中选择几组进行分享，并让大家讨论和交流。

（3）总结。老师问大家"当你知道自己的任务时，你的反应是什么""你觉得自己能完成任务吗，为什么"，并根据大家的回答进行总结。

**解析**：老师可以让学生在游戏中感受到反馈的作用，即使简单的微笑和点头，同时还可以让大家感受到正强化的作用。

**玩法变形**：增加游戏难度，如3人1组，1人是说话者，2人是聆听者（需要写下各自的目标句子，并且1人心不在焉、1人专心聆听）。

**分享方向**：当与他人沟通时，如何让对方继续说下去也需要一定的技巧，因此在与他人沟通和交流时我们的反馈很重要。

我的教学感悟

## 91. 说的是谁

**活动形式**：沟通　　**适用学段**：普遍适用　　**适用场地**：教室

**适用主题**：智力开发（思维）、偶像崇拜

**游戏规则**：

（1）老师将学生分成几组，每组选出 1 人作为演绎者，演绎者抽取明星或名人卡片，然后通过语言、动作对卡片中的人物进行演绎，但不能说出名字，其他人猜这个人是谁，5 分钟内猜对最多的组获胜。

（2）总结。针对卡片中的人物，大家最熟悉的是谁？老师根据大家的回答进行总结。

**解析**：如果大家在游戏中遇到不认识的人物，可以选择跳过。

**玩法变形**：演绎的内容也可变成与主题相关的词语，如开心、悲伤等。

**分享方向**：每个人都有值得他人欣赏和学习的地方，同时也会有缺点，偶像也是如此。

> **我的教学感悟**

## 92. 蒙眼作画

**活动形式**：沟通　　**适用学段**：初中　　**适用场地**：教室

**适用主题**：自我意识、学习心理、自信心理、创造性思维、校园欺凌、趣味心理

**游戏规则**：

（1）老师给每人发 1 张白纸和 1 个眼罩，大家戴上眼罩后开始在纸上随意作画，大家画完后摘下眼罩并欣赏自己的作品。

（2）老师给每人再发 1 张白纸，先让大家在纸的一面写上自己的名字，然后让大家戴上眼罩开始在另一面随意作画，画完后由老师统一收回并贴在黑板上，大家摘下眼罩并从黑板上的图画中选出自己的画。

（3）总结。老师问大家"你是如何找到自己的画的""这对你的生活和学习有什么启发"，并根据大家的回答进行总结。

解析：这个游戏也可以选择不戴眼罩进行，即要求大家闭着眼睛作画。

玩法变形：变换主题（如学习心理），大家戴上眼罩并根据老师的描述作画，游戏结束后比较大家的画作。

分享方向：有时我们心里想的和实际的行动会有很大的差别，在日常的生活和学习中，如果我们单独靠自己无法完成任务，就需要学会调动多方的力量。

```
我的教学感悟



```

# 93. 蒙眼摸号

**活动形式**：沟通　　**适用学段**：高中、职中　　**适用场地**：户外或空旷场地

**适用主题**：人际关系、学习心理（学习方法）、生命教育、智力开发、自律自控（自制力）

**游戏规则**：

（1）老师将学生分成几组，并给每人发1个号码（不连续的号码）和1个眼罩，大家不能让别人看见自己的号码。

（2）大家戴上眼罩，各组成员按照手中的号码从大到小的顺序排成一排，其间不能说话和摘下眼罩，如有人违规，则该组被淘汰。

（3）总结。老师问完成任务的小组是如何做到的；针对没有完成任务的小组，大家分析一下原因，最后由老师进行总结。

**解析**：这个游戏需要大家在无声和看不见的状态下进行，并且需要组内成员通力合作。

**玩法变形**：增加游戏难度，如把数字换成字母并按照上述游戏规则进行。

**分享方向**：当原有的学习方法不适合新的学习内容时，我们要发展出新的学习方法。

我的教学感悟

## 94. 6人小组

**活动形式：** 沟通　　**适用学段：** 初中　　**适用场地：** 团辅室

**适用主题：** 心理委员、价值观、校园欺凌、角色意识

**游戏规则：**

（1）老师将学生分成 10 人 1 组，提前为每组准备 10 张卡片，每组的卡片中有 6 个与主题相关的相同短语，其余 4 个是与主题无关的不同短语，并将每组的 10 张卡片装入信封中并分给各组。

（2）各组成员从信封中随机抽取 1 张卡片，卡片上短语相同的 6 人自动成为 1 组。

（3）总结。老师问大家"你属于 6 人小组的成员吗""如果是，你有什么感受；如果不是，你有什么感受"，并根据大家的回答进行总结。

**解析：** 这个游戏类比班级里有小团体的情况，小团体之间相互排挤不利于班级的团结。

**玩法变形：** 你可以自由发挥自己的创意。

**分享方向：** 被排挤的感觉很难受，当有人在班级里搞小团体时，就是在排挤他人。

我的教学感悟

## 95. 三角关系

**活动形式：** 沟通　　**适用学段：** 普遍适用　　**适用场地：** 团辅室

**适用主题：** 人际关系、学习心理（学习方法）、心理委员

**游戏规则：**

（1）老师将学生分成 3 人 1 组，3 个人的角色分别是说话者、聆听者和观察者。

（2）说话者从老师提前准备的题目中选择一个，如"我如何使用课余时间"，说说自己的看法，限时 3 分钟。聆听者和观察者在一旁听，之后聆听者重复说话者说的话，观察者对聆听者重述的内容进行更正或补充，然后 3 个人互换角色。

（3）总结。老师问大家"作为聆听者，你能专心聆听别人说话吗""在复述他人的话时你能完全表达对方的意思吗"，并根据大家的回答进行总结。

**解析：** 在日常的沟通中，聆听很重要，我们要先学会聆听才能更好地理解对方的话。

**玩法变形：** 老师可以通过改变大家谈论的内容以变换主题（如偶像崇拜）。

**分享方向：** 聆听的重点是专注和抓取有效的信息；此外，在与他人交流时，语调和表情等也会影响交流的效果。

---

我的教学感悟

---

# 96. 自由组合

**活动形式：** 沟通　　**适用学段：** 小学高年级　　**适用场地：** 团辅室

**适用主题：** 智力开发（思维）、创造性思维（想象力）

**游戏规则：**

（1）老师提前将几张彩纸剪成纸片（纸片可以是规则的，也可以是不规则的），纸片的数量根据人数来定。

（2）老师随机给每人发 1 张彩色纸片，大家自行（根据纸片的形状或者颜色）组队。

（3）然后，每组用纸片拼出不同的图案，并给每个图案起一个名字，2 分钟内拼出图案最多的组获胜。

（4）总结。老师问大家"在刚才的游戏中，你觉得自己的投入程度如何？如果全身心投入是 10 分，你给自己打几分"，并根据大家的回答进行总结。

**解析：** 这个游戏可以拓展学生的思维，丰富他们的想象力，同时让他们体验团体智慧和合作带来的快乐。

**玩法变形：** 老师先让大家熟悉游戏规则，然后让每组按照同样的要求（颜色或形状）拼图，用时最短者获胜。

**分享方向**：创造性思维的关键在于敢想敢试，在不断试错中找到最优的解决方法。

我的教学感悟

# 97. 猜领袖

**活动形式**：沟通　　**适用学段**：小学高年级　　**适用场地**：团辅室

**适用主题**：人际关系、情绪心理、智力开发（观察力）、校园欺凌

**游戏规则**：

（1）老师先选出 1 人负责"猜领袖"，其他人围成 1 个圆圈并面对圆心站立，负责"猜领袖"的学生需要暂时离开。

（2）其他学生商议由谁当"领袖"，"领袖"需要带领大家做动作（如拍手、摸头、举起手、原地踏步等），然后负责"猜领袖"的学生回来并站在圆圈中间。

（3）"领袖"要在中间的学生不注意的情况下带领大家做动作，其他人要立即跟着做，以迷惑中间的学生，站在中间的学生要在限定时间内找出"领袖"。

（4）总结。老师问大家"（站在中间的人）你是如何找出'领袖'的""（其他人）你有没有感受到站在中间的学生求助的眼神，你认为他当时的心情如何"，并根据大家的回答进行总结。

**解析**：老师可以让大家轮流站在中间"猜领袖"，人数较多的话可以分组进行。

**玩法变形**："领袖"可以通过拍打他人变换身份，即被拍打的人变成下一个"领袖"。

**分享方向**：被排挤的感觉令人不舒服，虽然有时我们觉得只是开玩笑，但会对被排挤的人造成伤害；当有人向我们求助的时候，或许我们可以先听一听，并为其提供力所能及的帮助。

我的教学感悟

# 98. 背后说你

**活动形式：**沟通　　**适用学段：**普遍适用　　**适用场地：**团辅室

**适用主题：**智力开发（注意力）、校园欺凌

**游戏规则：**

（1）老师根据总人数将学生分成几组，并把提前准备的若干问题随机分给各个小组。

（2）每组选出 1 个"边缘人"，并把话题贴在"边缘人"背后，组内其他成员围绕"边缘人"背后的话题讨论 5 分钟，"边缘人"须尽力聆听组内其他人讨论的内容，并在讨论结束后说出贴在自己身上的话题，其他人在讨论时要尽量避免让"边缘人"听到。

（3）游戏可以进行多轮，让尽量多的人体验"边缘人"的角色。

（4）总结。老师问"当大家都在讨论你的时候，你有什么感受""在平时的生活中，你有没有在背后说过其他人的坏话""这个游戏对你有什么启发"，并根据大家的回答进行总结。

**解析：**在校园里，学生之间可能会因为谣言产生误会，进而引发一些不必要的矛盾或者校园欺凌，老师可以通过这个游戏让学生了解谣言的影响和危害。

**玩法变形：**增加游戏规则，如允许"边缘人"打破"背后说你"的局面，勇于说出自己的想法——"你们可以告诉我，你们在说什么吗""我可以参与你们的讨论吗"。

**分享方向：**当他人在背后议论我们时，我们的内心肯定会不好受，老师应引导学生有问题或有矛盾时要面对面解决。

---

我的教学感悟

---

# 99. 排队游戏

**活动形式：**沟通、冲突解决　　**适用学段：**普遍适用　　**适用场地：**户外或空旷场地

**适用主题：**自我意识、环境适应

**游戏规则：**

（1）老师让所有人围成 1 个圆圈并面朝圆心站立，大家根据老师的提示（如身高、年龄

等）调整自己的位置，在游戏过程中不能交流和讨论。

（2）然后，每个人说出自己的真实情况以检查排列是否正确。

（3）总结。老师问大家"你对自己所站的位置满意吗""你觉得可以改变自己的位置吗"，并根据大家的回答进行总结。

**解析：** 这个游戏受场地、人数及学龄段的影响不大，因此适用范围很广。

**玩法变形：** 老师可以改变排队的要求以适用不同的主题。

**分享方向：** 大家对于自己所处的位置会有一些想法和感受，一些人总拿自己的短处与别人的长处相比，老师可以根据这个游戏说明当我们处于不同的位置时，周围的环境也会不一样。

> 我的教学感悟

# 100. 是非题

**活动形式：** 沟通、解难　　**适用学段：** 初中　　**适用场地：** 教室

**适用主题：** 生涯规划、情绪心理、性教育、压力应对、网络成瘾、智力开发、校园欺凌、时间管理、心理危机干预

**游戏规则：**

（1）老师将学生分成几组，每组不少于 10 人，每次游戏可以两组 2 时进行，2 组各派 1 人面对面坐在场地中间。

（2）老师说出一个题目，如"请你们说出应对压力的方法"，接着把提前准备的答案分别贴在 2 个人的头上，他们只能看到贴在对方头上的答案。

（3）老师宣布开始后，2 人轮流向对方提问，问题限定为是非题，并根据对方的回答猜测贴在自己头上的答案，然后换其他人体验，猜对最多的组获胜。

（4）总结。在刚刚的游戏中，可能会出现大家对某个词语的理解不准确或不一致，导致猜的时候花费很长时间，老师可以让大家解释一下这个词语并进行总结。

**解析：** 这个游戏通过互相提问的方式让大家对活动主题进行思考。

玩法变形：这个游戏可以作为团体开始阶段的暖场游戏，也可以用于团体转换阶段的概念理解，加深大家对主题的理解。

分享方向：老师可以观察大家在轮流提问时对哪些词语的理解和解释不一样，在游戏结束后进行重点讲解。

我的教学感悟

# 101. 心灵交谈

活动形式：沟通、小组讨论　　　适用学段：小学高年级　　　适用场地：团辅室

适用主题：人际交往、心理委员

游戏规则：

（1）老师将学生分成 6 人 1 组，每个人与组内其他人各交谈 2 分钟，交谈的内容不限，也可以由老师指定主题。

（2）总结。老师问大家"在与他人交谈时你有何感想""有什么方法可以快速打开话题"，并根据大家的回答进行总结。

解析：这个游戏可以锻炼学生的社交能力，并体会到"主动交谈"和"被动交谈"的区别。

玩法变形：增设"观察员"角色，并对谈话内容进行记录以便进行总结和分享。

分享方向：老师可以向大家讲一下与他人交谈的重要性和好处。

我的教学感悟

# 冲突解决

冲突解决是指老师在游戏过程中制造一些冲突场景，让学生找出解决冲突的办法。冲突解决可以分为以下三类。

- 行为选择冲突。例如，老师将学生分成几组，每组成员传递一个"潘多拉的盒子"，盒子中装有物品，可以是礼物、惩罚、个人奖励、小组奖励等；在传递盒子的过程中每个人都有权决定要不要打开盒子，最后组内成员展开讨论。

- 价值观冲突。例如，各种拍卖会游戏（生存拍卖会、价值观拍卖会等），在游戏过程中，每个人都可以进行竞拍，最后针对竞拍的结果展开交流和讨论。

- 有限资源争夺冲突。老师通过游戏制造资源短缺或不平等的情境，看大家如何解决冲突。

## 102. 重要他人

**活动形式：**冲突解决    **适用学段：**普遍适用    **适用场地：**教室

**适用主题：**人际关系、生命教育、感恩教育、疫情心理

**游戏规则：**

（1）老师给每人发 5 张纸，大家在纸上分别写一个对自己很重要的人的名字。

（2）老师引导学生想象，如果这些人因为一些原因永远地离开了，大家的感受会如何。

（3）老师继续引导学生想象，你不得不面对一个更加残酷的事情，这些人将会一个一个地离开你，请你逐个看纸上的名字，然后将纸揉成纸团并丢进纸箱里，闭上眼睛默想 1 分钟，感受一下自己的心情。

（4）总结。老师问大家"为什么这些人对你很重要""环视组内的其他人，他们对你重要吗，你对他们重要吗"，并根据大家的回答进行总结。

**解析：**老师可以在游戏的过程中播放舒缓的音乐，以增强大家的代入感。

**玩法变形：**变换主题（如时间管理、目标管理等），老师可以将 5 个重要他人换成大家最近要完成的 5 件事情。

**分享方向：**分享以自愿为原则，同时老师要随时关注学生的状态，如果学生不愿分享，

就不要强求。

我的教学感悟

# 103. 信不信由你

**活动形式：** 冲突解决　　**适用学段：** 普遍适用　　**适用场地：** 教室

**适用主题：** 人际关系、自我意识、压力应对、自信心理

**游戏规则：**

（1）老师将学生分成几组，每组不超过 10 人且给予 500 分的基础分。

（2）老师提出不同的挑战（如 1 分钟内鼓掌 200 下），由组内成员决定信或不信及用多少分下注，每次下注不少于 100 分。

（3）选择"信"的小组需派出 1 人进行挑战，完成挑战即可得到所下注的分，选择"不信"的组要扣掉下注的分。如果所有小组都选择"信"，每组派出 1 人进行挑战；如所有小组都选择"不信"，则由老师进行挑战，其余规则同上。

（4）总结。老师问大家"针对比较困难的挑战，你选择'信'还是'不信'"，并根据大家的回答进行总结。

**解析：** 这个游戏可以让大家对自己的能力和潜力有一个新的认识。

**玩法变形：** 不分组，老师给每个人 500 分的基础分，以个人的名义进行挑战。

**分享方向：** 这个游戏旨在让学生勇于挑战"不可能"，即使最后挑战失败，也值得鼓励和表扬，但同时也要根据自己的能力做出选择。

我的教学感悟

## 104. 时间筹码

**活动形式：** 冲突解决　　**适用学段：** 初中　　**适用场地：** 团辅室

**适用主题：** 时间管理

**游戏规则：**

（1）老师将学生分成 6 组，每组派出 1 人抽签决定各组的角色：婴儿、幼儿、儿童、青年、中年、老年。

（2）老师给每组发"物资"：时间——婴儿组 12 份，幼儿组 10 份，儿童组 8 份，青年组 6 份，中年组 4 份，老年组 2 份；食物——婴儿组 2 份，幼儿组 4 份，儿童组 6 份，青年组 8 份，中年组 10 份，老年组 12 份。

（3）每组选出 1 人进行两两对决（如猜拳棒棒锤），每次对决的小组会消耗掉 1 份时间、1 份食物，获胜的小组获得对方组的 2 份时间、2 份食物；游戏进行几轮后，剩下时间和食物份数之和最多的小组获胜。

（4）总结。老师问大家"在玩游戏的过程中你有什么感受""你从中获得了什么启发"，并根据大家的回答进行总结。

**解析：** 老师需提前准备若干相同的物品以代表时间和食物。

**玩法变形：** 把分组对决变成个人对决，大家在限定的时间内找其他人对决。

**分享方向：** 这个游戏可以让学生体会到随着年龄的增长，我们在有些方面会有收获，而在另一些方面则会失去。

**我的教学感悟**

## 105. 人生起跑线

**活动形式：** 冲突解决　　**适用学段：** 初中　　**适用场地：** 户外或空旷场地

**适用主题：** 生命教育、梦想教育、挫折教育

**游戏规则：**

（1）所有人站成一排，老师问大家几个问题，回答"是"的学生向前迈一步，回答"否"的学生保持不动，最先到达终点的学生可获得一份奖品。问题示例：从来不用担心下一顿饭、父母的婚姻维持至今、有机会出国留学、不用替父母担心家庭经济、和父母生活在一起等。

（2）总结。老师问大家"在刚才的游戏中，先天的资源为你提供了多大的帮助""你认为大多数人的成功依靠的是先天资源还是后天努力"，并根据大家的回答进行总结。

**解析：**为了避免有些人跟风，老师可以在游戏开始前给每人发1个眼罩，问完所有问题后请大家摘下眼罩。

**玩法变形：**老师可以设置一些关于后天努力的问题，带出无论先天的资源多么丰富，如果没有后天的努力，我们可能还是原地踏步。

**分享方向：**我们不能选择自己的出身，但这并不是我们拒绝努力的理由。

> 我的教学感悟

# 106. 潘多拉的盒子

**活动形式：**冲突解决　　**适用学段：**普遍适用　　**适用场地：**教室

**适用主题：**价值观、自律自控（自制力）、升学准备

**游戏规则：**

（1）老师将学生分成几组并为每组发1个盒子，盒子里放一些日常物品，但告诉大家盒子里是一份精致的礼物，并在组内传递盒子，拿到盒子的学生有权决定是否打开盒子，选择打开的话里面的"礼物"就归该学生，选择不打开则继续传递。

（2）如果有人提前打开盒子，则游戏结束；如果传递完一轮后没有人打开盒子，则该组获得一个奖励（老师不提前公布这个游戏规则）。

（3）总结。老师问大家"为什么你想（不想）提前打开盒子"，并根据大家的回答进行总结。

**解析：**这个游戏可以让学生学会拒绝诱惑，保护自己。

**玩法变形**：老师为每组准备 2 个盒子，分别是空盒子和装有礼物的盒子，每组需要把 2 个盒子推销给其他小组，成功把空盒子推销出去的小组获胜。

**分享方向**：抵制诱惑，即使是熟人向我们推荐一些东西，我们也要擦亮眼睛。

我的教学感悟

# 107. 拍卖会

**活动形式**：冲突解决　　**适用学段**：普遍适用　　**适用场地**：教室

**适用主题**：自我意识、价值观、人格特质

**游戏规则**：

（1）老师提前在黑板上写下需要拍卖的物品（根据主题来定），并为每人发 10 张卡片，每张卡片代表 300 元钱。

（2）每人手里的钱代表了其一生可用的精力与时间，大家可以用这些钱竞拍黑板上的物品，最后物品归出价最高者。

（3）老师主持拍卖会，直到所有的物品都拍卖完，请学生回看并思考自己竞拍到的物品。

（4）总结。老师问大家"在竞拍时，你有什么感想""是否有你想要却没有得到的物品"，并根据大家的回答进行总结。

**解析**：这个游戏通过模拟拍卖会的形式，让学生对价值观、个人品质等有一定的了解。

**玩法变形**：拍卖的物品可以根据主题进行变换，如目标管理、梦想教育等。

**分享方向**：无论我们获得的物品是不是我们真心想要的，都应该好好珍惜；对于一些重要的决定，我们需要在权衡利弊后再做出选择。

我的教学感悟

# 108. 偶像护卫战

**活动形式：**冲突解决　　　**适用学段：**初中　　　**适用场地：**团辅室

**适用主题：**偶像崇拜

**游戏规则：**

（1）老师提前准备 2 ~ 3 个名人卡片，学生喜欢、支持哪个名人就站在对应的卡片后面排成一列并自动成为一组。

（2）每组学生用自己的身体及现有的资源（身上的物品），为偶像搭建"堡垒"，其他学生轮流对"堡垒"进行攻击。

（3）总结。老师问大家"你在攻击对方偶像的时候有没有手下留情""你在保护自己的偶像的时候是否受到了伤害"，并根据大家的回答进行总结。

**解析：**老师需提醒大家，在攻击的时候，以不损坏物品和伤害他人为前提。

**玩法变形：**把写有名人的卡片（老师提前多准备一些卡片）贴在对应组学生的背后，小组之间进行"撕卡片"对战，卡片被撕完的小组则被淘汰。

**分享方向：**我们应理性追星，即使大家喜欢的偶像不一样，也应尊重他人的喜好。

---

我的教学感悟

---

# 109. 大地震

**活动形式：**冲突解决　　　**适用学段：**普遍适用　　　**适用场地：**户外或空旷场地

**适用主题：**感恩教育、价值观

**游戏规则：**

（1）老师将所有人按照世界 7 大洲分成 7 组，每组的人数按各大洲的面积等比例分配，并根据每个洲的大小给每组分发相应大小的报纸。

（2）老师发出指令，一场突如其来的大地震把南极洲毁灭了，此时南极洲的学生需要分散到其他洲，以此类推，最后只剩下一个洲。

（3）总结。老师问大家"你属于被毁灭洲还是幸存洲""当听到自己所在的大洲被毁灭时，你有什么想法""当看到其他人需要帮助时，你是否伸出了援手"，并根据大家的回答进行总结。

**解析**：这个游戏可以看出大家在"生死"面前选择放弃还是努力生存，幸存者是伸出援手还是坐视不理。

**玩法变形**：被毁灭洲的学生自行选择想去哪个洲，老师还可为学生提供一些道具，如泳镜、氧气瓶，但需要通过竞争获得。

**分享方向**：在我们有能力且不损害自身利益的前提下，可以向需要帮助的人伸出援手。

---

**我的教学感悟**

---

# 110. 假如剩下3天

**活动形式**：冲突解决、引导式幻想　　**适用学段**：初中　　**适用场地**：教室
**适用主题**：生命教育、哀伤辅导
**游戏规则**：

（1）老师将学生分成 2 组，引导其中一组学生想象如果自己的生命被无限地延长，你最想做的事情是什么；引导另外一组学生想象，假如你的生命只剩下 3 天，你最想做的事情是什么。

（2）总结。老师问大家"如果让你选择，你希望自己的生命是剩下 3 天还是无限延长"，并根据大家的回答进行总结。

**解析**：老师可以通过这个游戏让学生了解生命的意义。

**玩法变形**：让学生自己选择是"生命只剩下 3 天"，还是"生命无限延长"，并自动分为 2 组，2 组成员在黑板上写下自己在所选的时间内最想完成的事情，然后对比一下 2 组所写的内容。

**分享方向**：当我们知道生命被无限延长时，可能会变得毫无目标；但当我们知道自己的死亡日期时，就会分秒必争地完成自己想要做的事情。

> 我的教学感悟

# 111. 填充游戏

**活动形式**：冲突解决、心理测试      **适用学段**：高中      **适用场地**：教室

**适用主题**：目标管理、时间管理、开学或复学

**游戏规则**：

（1）老师需提前准备桶、石头、碎石、细沙、水。

（2）老师先把石头全部放进桶里，并问学生桶是否装满，没有的话还可以放什么，以此类推，直至桶内不能再放任何东西。

（3）总结。游戏中的石头、碎石、细沙和水分别代表日常生活中的重要任务和非重要任务，如果我们一开始就把那些不重要的东西（碎石、细沙、水）放进去，那么重要的东西（石块）就没有地方放了。

**解析**：通过游戏的形式让大家更加直观地看到目标管理或时间管理的技巧。

**玩法变形**：老师将学生分成几组，每组成员逐一上台演示怎样才能让桶装最多的东西。

**分享方向**：老师先分享并引出目标管理或时间管理主题，让学生思考并说出自己的想法。

> 我的教学感悟

# 112. 越过"障碍"

**活动形式**：冲突解决、心理测试      **适用学段**：初中      **适用场地**：户外或空旷场地

**适用主题**：趣味心理

**游戏规则：**

（1）老师提前选出 4 人作为测试者，并且其中 2 人做出拉绳和调整高度的动作，另外 2 人假装知道上述 2 人之间存在一根绳子，并在经过时做出跨过去的动作。

（2）让其他人跟在测试学生的身后，观察他们的表现。

（3）总结。老师问大家"你能感觉到绳子的存在吗""在生活中你是否受到过从众心理的影响，导致自己做出了错误的选择"，并根据大家的回答进行总结。

**解析：** 从众心理很容易引发攀比行为，因此让学生们了解从众心理并避免受到从众心理的影响很重要。

**玩法变形：** 老师选出几人（2 ~ 3 人）作为实验者，模仿老师的动作，老师往天花板、窗外、门外、墙角四个方向分别看 10 秒钟，实验者跟着做，观察有多少学生会跟着做。

**分享方向：** 我们要善于观察周围的环境，培养独立思考的能力。

---

**我的教学感悟**

---

# 重新检查目标

重新检查目标是指确认学生对主题的理解是否一致，从而为解决问题做好准备。检查目标可以分为以下几种类型。

- 标签或刻度回顾。学生将希望改变的方面或聚焦的主题，通过刻度化、标签化的方式重新明确一下，如让学生用一个词概括"如果发生……的改变，我会变成什么样"。

- 检查表现和收获。根据前两个阶段中自己的表现，让学生反思自己对主题的理解。例如，在刚才的游戏中，你的投入程度（收获）如何；在接下来的游戏中，你希望自己的表现有哪些变化。

- 未来假设性评估。让学生想象自己未来会有什么变化，如"设想你会在……（主题关联的目标）有什么变化"。

# 113. 十指相扣

**活动形式：**重新检查目标、行为训练　　**适用学段：**初中　　**适用场地：**团辅室

**适用主题：**亲子关系、人际关系、自我意识、情绪心理、学习心理、环境适应、心理委员、自信心理、目标管理（目标规划）、挫折教育

**游戏规则：**

（1）老师让所有学生围成 1 个圆圈并面朝圆心，伸出双手并以十指交叉相扣的方式保持 6 秒。老师让学生松开双手，并以手背对手背的方式十指交叉相扣保持 6 秒，感受与刚才的动作有何不同。

（2）老师让学生松开双手，并根据自己的习惯在胸前自然绕手。老师让学生松开双手，并以与刚才相反的方向绕手，感受两次绕手有何不同。

（3）总结。老师问大家"在第二次十指相扣和绕手时你有什么感觉，为什么你会有这样的感觉"，并根据大家的回答进行总结。

**解析：**这个游戏可以引申出很多主题且不受场地及人数的限制，适用范围较广。

**玩法变形：**由 1 个人完成任务变成 2 个人合作完成，并体会两种方式带来的感受有何不同。

**分享方向：**改掉不良习惯的第一步是意识到自己的不良习惯并决定从现在开始改变。

我的教学感悟

# 114. 命令作画

**活动形式：**重新检查目标　　**适用学段：**普遍适用　　**适用场地：**教室

**适用主题：**环境适应、心理委员、创造性思维

**游戏规则：**

（1）老师为每人准备 1 张白纸，大家跟随老师的指令作画：请先在纸上画 3 个圆，然后把圆的内部涂满，最后把自己的画改成一棵树。

（2）总结。老师问大家"当听到老师说画圆时，你内心的想法是什么""你对自己的画是否已经有初步的构思""当老师发出第二个指令时，你是马上想到解决方案还是感觉无从下手，为什么"，并根据大家的回答进行总结。

**解析：**很多时候计划赶不上变化，老师据此引出我们要及时调整计划及如何调整自己的认知和情绪。

**玩法变形：**老师将学生分成几组，每组成员分别围成 1 个圆圈，老师给每人发 1 张 A4 纸，老师说出 1 个词（如天空），第一个拿到纸的人开始作画，限时 30 秒，接着把纸传给其他人，老师再说出 1 个词（如开心），第二个人在第一个人的基础上继续作画，以此类推，最后展示各组的画并进行讨论。

**分享方向：**老师可以就如何调整自我、与他人配合和换位思考等进行分享。

我的教学感悟

# 115. 知识抢答

**活动形式：**重新检查目标　　**适用学段：**普遍适用　　**适用场地：**教室

**适用主题：**人际关系、情绪心理、性教育、智力开发（思维）

**游戏规则：**

（1）教师提前准备与主题相关的一些知识性问题，将学生分成几组，各组进行抢答。

（2）老师可以根据实际情况决定是问封闭性问题还是开放性问题。

（3）总结。老师问大家"在刚才的游戏中，令你印象最深刻的一道题目是什么"，并根据大家的回答进行总结。

**解析：**知识抢答可用于了解大家对某一知识的掌握程度、巩固主题（如情绪管理、校园欺凌等）。

**玩法变形：**游戏规则可设置为积分制或淘汰制，抢答可以是自己回答或指定他人回答。

**分享方向：**老师可以就问题和答案进行拓展，以加深大家的理解。

我的教学感悟

# 116. 手握命运

**活动形式：**重新检查目标　　**适用学段：**高中　　**适用场地：**教室

**适用主题：**价值观、目标管理（目标执行）、梦想教育、考后心理

**游戏规则：**

（1）老师提前准备若干个乒乓球，并在球上写上不同的数字；老师将学生分成几组，大家开始抓乒乓球，每人只能抓一次，限时 10 秒。

（2）评分标准。标准 1：计算各组成员所抓乒乓球上的数字之和，数值最大者获胜。标准 2：计算各组所抓乒乓球的总数，数量最多者获胜。

（3）总结。老师问大家"你抓到了几个乒乓球，乒乓球上的数字之和是多少""抓球多的人其数字之和一定最大吗"，并根据大家的回答进行总结。

**解析：**这个游戏可以使学生正确认识自己的能力。

**玩法变形：**你可以自由发挥自己的创意。

**分享方向：**在生活中，我们会遇到各种机会，只有正确评估自己的能力才能对结果有合理的预期。

我的教学感悟

## 117. 1分钟挑战

**活动形式**：重新检查目标　　**适用学段**：普遍适用　　**适用场地**：教室

**适用主题**：自我意识、学习心理（学习态度）、备考或考试心理（自我效能感）、自信心理、目标管理（目标执行）、积极心理、时间管理

**游戏规则**：

（1）老师问学生："你在 1 分钟最多能拍手多少次？"学生记下自己的预估值。

（2）老师开始倒计时，让大家拍手并各自数着次数，最后记下每个人拍手的次数。

（3）总结。老师问大家"你预测自己 1 分钟能拍手多少次，与实际情况相比如何""你认为自己在实现目标时会受到哪些因素的影响"，并根据大家的回答进行总结。

**解析**：这个游戏不受场地和人数的限制，适用范围较广。

**玩法变形**：把拍手换成原地跳、一口气说多少个字等。

**分享方向**：有些人对自己的预期与实际情况相符，有些人则相差较多，这表明大家的自我意识水平不同，后者对自我的意识有待提升。

我的教学感悟

## 118. 目标尺

**活动形式**：重新检查目标　　**适用学段**：初中　　**适用场地**：团辅室

**适用主题**：校园欺凌

**游戏规则**：

（1）老师在地上画一把尺子并标上 0 ~ 10（也可简化为三级、五级和七级）。

（2）学生根据自己对于"校园欺凌"的了解程度进行站位，0 为一点都不了解，10 为很了解。

（3）总结。老师让不同站位的学生分享自己的观点并进行总结。

**解析**：这个游戏可用于在课堂转换阶段老师重新检查学生对目标的了解程度。

玩法变形：你可以自由发挥自己的创意。

分享方向：老师应根据学生对"校园欺凌"的了解程度及态度进行补充和分享。

我的教学感悟

# 119. 再延展一点

活动形式：重新检查目标、解难　　适用学段：初中　　适用场地：教室

适用主题：学习心理（学习态度）、积极心理、梦想教育、时间管理、开学或复学、考后心理、升学准备

**游戏规则：**

（1）老师让大家轮流伸直手臂去触碰墙上的一个标记（标记尽量高一些）。

（2）老师让大家再次伸直手臂并尽力去触碰更高的地方。

（3）总结。老师问大家"在开始学习新知识时，你是否担心自己学不会""你认为自己的学习成绩还能提高吗"，并根据大家的回答进行总结。

解析：有些人可能在一开始就说自己已经尽力了，但老师还是要鼓励他们再尝试一下。

玩法变形：老师将学生分为几组并为每组设定一个长度，每组成员需利用身体接龙尽量达到老师设定的长度。

分享方向：不管你认为自己现在表现如何，都可以做得更好。

我的教学感悟

第三章

03

# 工作（体验、操作、思考）阶段

★　★　★

工作（体验、操作、思考）阶段一般用时 20 分钟左右，这个阶段主要是解决问题和形成共识，老师要通过以点带面、以面带点和点面结合的方式，引导大家表达自己的意见，让他们的思想互相碰撞，进而有所感悟和收获。

# 案例分析

案例分析指老师向大家提供一个案例并提出一些问题，学生对案例进行分析和思考，最后给出解决问题的方法。在分析案例的过程中，学生会有以下收获。

- 认同。与案例中情况相似的学生能够体会到原来并非自己一人遭遇了此类问题，不会再觉得孤独与寂寞，而是会拥有更多的勇气来面对和解决问题。
- 理解。可以让大家了解人们在不同情境下的行为和动机。
- 领悟。可以让大家从案例中或从其他人对案例的分析中获得很多新的解决问题的方法。

案例分析可以分为以下两类。

**根据案例进行分析**。老师基于案例提出问题（见表 3.1），引导学生分析案例，这种方式对老师的提问水平有一定的要求。

表 3.1　案例分析提问类型

| 提问层次 | 学生理解水平 | 提问问题层次 | 提问示例 |
| --- | --- | --- | --- |
| 第一层次 | 表层理解 | 可以直接在案例中找出答案的问题，如时间、地点、人物、事件、结局等 | 主人公做了什么事 |
| 第二层次 | 深层理解 | 案例中暗含的内容，需要理解案例的前因后果，并进行必要的推测才能找到暗含的答案 | 你认为×××应该怎么做 |
| 第三层次 | 联系个人经验 | 情境暗含问题，这类问题及其答案已经超越了案例本身，需要结合个人经验进行拓展 | 如果你遇到案例中的情境，你会怎么办 |

**情节或角色辩论**。让学生就某一情节进行辩论，表明自己的态度，并在辩论中了解其他人的想法，学会从多元的角度看待事物。

## 120. 我受不了了

**活动形式**：案例分析　　**适用学段**：初中　　**适用场地**：教室
**适用主题**：情绪心理（情绪体验）、应激反应

**游戏规则：**

（1）老师提前准备一个故事，故事情节最好跌宕起伏，其中包含积极情绪和消极情绪。

（2）老师给每人发一个气球，在老师读故事的过程中，如果大家觉得故事中的人物情绪消极，就对着气球吹一口气；如果故事中的人物情绪积极，则把气球里的气放一点。等老师讲完故事后，看一看大家手里的气球都多大。

（3）总结。老师问大家"在日常生活中，如果遇到与故事中类似的事情，你会与故事中的人物有同样的感受吗"，并根据大家的回答进行总结。

**解析：** 老师选择的故事应适合相应学段的学生。

**玩法变形：** 老师给每人发 3 个锦囊，用于抵消 3 次消极情绪，当遇到故事中的人物情绪消极时，可以自主选择是否使用锦囊。

**分享方向：** 大家手中的气球代表的就是自己，如果我们把消极情绪一直积压在心里，最后一定会爆发；大家对同一件事的态度不一样，情绪反应也不一样。

我的教学感悟

# 121. 我的身体我做主

**活动形式：** 案例分析　　**适用学段：** 小学低年级　　**适用场地：** 教室

**适用主题：** 性教育

**游戏规则：**

（1）老师展示男性和女性的身体漫画图片，引导学生了解哪些地方属于身体的隐私部位，并告诉同学不能在公众场合暴露这些隐私部位，也不能让其他人触摸。

（2）老师通过案例向学生讲解正常的肢体接触和性侵犯的区别，以及如何应对"别有用心"的触碰。

（3）总结。老师问大家是否能区分正常的肢体接触和性侵犯，并根据大家的回答进行总结。

**解析：** 老师应先向学生讲明认识人体结构的重要性。

**玩法变形：** 你可以自由发挥自己的创意。

**分享方向**：只有我们对性有正确的认识，才能在遇到侵害时敢于发声和保护自己。

我的教学感悟

# 122. 时间慢点走

**活动形式**：案例分析　　**适用学段**：普遍适用　　**适用场地**：教室

**适用主题**：亲子关系、生命教育、网络成瘾、感恩教育、目标管理（目标规划）、时间管理、升学准备

**游戏规则**：

（1）老师给每人发 1 张白纸，大家在纸上写下自己的实际年龄，然后老师让大家用全国人口的平均寿命（老师提前查好）减去自己的年龄，再减去每天睡觉和吃、喝、拉、撒等必须花费的时间，看看每个人还剩下多少时间。

（2）针对剩下的时间我们想做什么，大家自由讨论 5 分钟。

（3）总结。老师问大家"你剩下的可利用时间是多少，你觉得是长还是短"，并根据大家的回答进行总结。

**解析**：老师带领大家真正地投入到游戏中，而不是简单地完成一道算术题。

**玩法变形**：变换主题（如感恩教育），老师可以根据上述方法让学生算一下父母还剩下多少时间。

**分享方向**：老师可以通过这个游戏引导学生珍惜时间、珍爱生命，还可以针对不同学段的学生引发不同程度的思考，比如在有限的时间内创造更多的价值。

我的教学感悟

## 123. 人生不设限

**活动形式：**案例分析　　**适用学段：**普遍适用　　**适用场地：**教室

**适用主题：**环境适应、生命教育、自信心理、感恩教育、目标管理（目标规划）、积极心理、梦想教育、挫折教育

**游戏规则：**

（1）老师播放《人生不设限》短片，之后对短片中的主人公尼克·胡哲进行介绍，并引出人生不设限、面对困难时如何调整心态等主题。

（2）总结。老师询问大家看完视频后的感想并进行总结。

**解析：**这个游戏可以作为"人生起跑线"的延续，引发大家进行更深入的思考。

**玩法变形：**老师还可以从这个短片引出生命教育、自信心理等主题。

**分享方向：**有时我们会对人生有诸多抱怨，但境遇比我们糟糕的人还有很多，与其花时间抱怨，不如从现在就开始努力改变。

---

**我的教学感悟**

---

## 124. 情绪气象台

**活动形式：**案例分析　　**适用学段：**小学低年级　　**适用场地：**教室

**适用主题：**情绪心理（情绪体验）、心理健康

**游戏规则：**

（1）老师将学生分成几组，并给大家讲一个故事（如《爱丽丝梦游仙境》第一章"神秘兔子洞"），每组学生把故事中人物的情绪用天气图标（如用暴雨表示愤怒）记录下来。

（2）每组成员针对这个故事展开讨论，之后选出 1 人说出一件令自己印象深刻的事；该组其他成员根据这个学生的讲述为其画一幅情绪天气地图，最后由这个学生判断谁画的正确。

（3）总结。老师根据大家的讨论情况进行总结。

**解析：**老师可以通过这个故事激发学生积极参与讨论。

**玩法变形**：老师在讲故事时可以加入肢体动作以表明人物的情绪。

**分享方向**：同一件事可能会给大家带来不同的情绪体验，因此我们要学会识别自己的情绪。

**我的教学感悟**

# 125. 情绪垃圾桶

**活动形式**：案例分析　　**适用学段**：初中　　**适用场地**：团辅室

**适用主题**：情绪心理（情绪调节）

**游戏规则**：

（1）老师将学生分成几组并准备数量与组数相同的垃圾桶，组内成员把最近发生的引发自己体验到消极情绪的一件事写下来，写完后把纸揉成一团并扔进垃圾桶里。

（2）大家分别从自己组的垃圾桶中抓取一个纸团，打开看一看纸上的内容（如果抓到自己写的纸团，需重新抓），并思考如果自己遇到同样的事会怎样，你会如何帮助这个同学发泄或调节情绪。大家思考和讨论 5 分钟，之后组内成员轮流发言。

（3）总结。老师问大家"你是否遇到过与抓到的纸团上相同的事情，在和大家讨论完后你是否有不一样的看法"，并根据大家的回答进行总结。

**解析**：这个游戏可以让大家了解到他人的情绪和烦恼。

**玩法变形**：

（1）组内成员轮流发言换成传递书写。

（2）一个人发言后，其他人可以进行补充和完善。

**分享方向**：当我们处在消极或负面的情绪中时，往往不能冷静地思考和做出正确的判断，此时我们不妨把问题先放一放或向身边的人寻求帮助。

**我的教学感悟**

## 126. 青春漂流瓶

**活动形式：**案例分析　　**适用学段：**初中　　**适用场地：**教室

**适用主题：**性教育（性别角色认同）、学习心理（学习方法）、备考或考试心理、考前压力应对、心理委员、校园欺凌、考后心理

**游戏规则：**

（1）老师提前准备 2 个漂流瓶，在瓶身上分别写上"男生""女生"，老师给每人发 1 张小纸条，大家在纸条上写下想问异性的一个问题或疑惑。

（2）大家写完后把纸条对折并放入写有异性的那个漂流瓶中，然后男生分别从写有"男生"的漂流瓶中抽 1 张纸条，并在纸条上的问题下面写上自己的回答，女生也是如此。

（3）大家写完后，老师统一收回纸条，并选择几个问题与大家分享。

（4）总结。老师问大家从这个游戏中学到了什么、他人的回答有没有解开你的疑惑，并根据大家的回答进行总结。

**解析：**这个游戏也可以分组进行，老师需要提醒学生在提问或回答他人的问题时态度认真，不能恶作剧。

**玩法变形：**老师可以改变大家提问的方向以使这个游戏适用于不同的主题，如校园欺凌、学习方法等。

**分享方向：**进入青春期后，有些学生对与异性交往会有很多疑问，老师可以告诉学生这是正常现象。

---

**我的教学感悟**

---

## 127. 狗鱼综合症

**活动形式：**案例分析　　**适用学段：**高中　　**适用场地：**教室

**适用主题：**学习心理（学习态度）、梦想教育、趣味心理

**游戏规则：**

（1）老师先讲一个故事，故事的大意如下。

> 狗鱼是肉食性鱼类，它们贪食且食量大，实验者把狗鱼和一些小鱼放在一个鱼缸中，并把狗鱼和小鱼用玻璃隔开。狗鱼想要吃小鱼，于是就不停地撞玻璃，在经历了无数次的失败后，狗鱼放弃了。此时实验者把中间的玻璃拿走，即使没有玻璃的阻隔狗鱼也不再攻击小鱼了。这种现象被称为狗鱼综合症。

（2）老师讲完故事，请学生说出狗鱼综合症的特点并结合学生的回答总结狗鱼综合症的特点：对差别视而不见、自以为无所不知、墨守成规、拒绝考虑其他可能性。

（3）总结。老师问大家"你身边有类似狗鱼综合症的例子吗""如何摆脱狗鱼综合症"，并根据大家的回答进行总结。

**解析：**这个小故事可以给学生带来很多思考，老师需要对大家分享的内容进行提炼和总结。

**玩法变形：**结合狗鱼综合症的特点，变换要讨论的问题以适应其他主题，如梦想教育。

**分享方向：**"中间的玻璃"其实就是存在于我们心中的障碍，如果你畏惧它，它就是一条无法跨越的鸿沟，只有打破它我们才能进入一片新的天地。

---

我的教学感悟

---

# 128. 生命之美

**活动形式：**案例分析　　**适用学段：**小学低年级　　**适用场地：**教室

**适用主题：**生涯规划、生命教育、哀伤辅导

**游戏规则：**

（1）老师可以在活动前两周安排大家在家里种植太阳花，并提前给每人发 1 张种植卡片（里面有种植要求及每天的观察卡），大家把太阳花的生长情况记录下来。

（2）两周后，老师让学生把太阳花带到学校，大家可以看一看彼此种的太阳花并展开讨论。

（3）总结。老师问大家"太阳花凋谢以后是否就毫无用处了"，并根据大家的回答进行

总结。

**解析：** 这个游戏通过种植的方式让学生更直观地感受生命的历程。

**玩法变形：** 变换主题（如生涯规划），老师通过图片向学生展示太阳花生长的各个阶段，并让学生自由讨论每个阶段的任务是什么，接着让大家思考太阳花生长的各个阶段分别对应人生的哪些阶段。

**分享方向：** 这个游戏主要引发学生对于死亡的思考，植物凋谢和腐烂后会成为有营养的物质；同理，人死后其品质和精神会留存于世。

> **我的教学感悟**

# 129. 丑小鸭

**活动形式：** 案例分析、头脑风暴　　**适用学段：** 普遍适用　　**适用场地：** 教室

**适用主题：** 梦想教育

**游戏规则：**

（1）老师给大家讲《丑小鸭》的故事，大家听完故事后自由讨论从故事中学习到了什么并把讨论的内容记下来。

（2）总结。老师汇总大家记录下来的内容并进行总结。

**解析：** 经典童话故事《丑小鸭》蕴含了很多哲理，老师可以根据主题进行讲解。

**玩法变形：** 老师引导学生对《丑小鸭》中的具体情节进行讨论，并分析其与我们生活中的哪些情境相似。

**分享方向：** 在未来的人生道路上，大家都会遇到各种考验，希望每个人都向丑小鸭学习，披荆斩棘、勇闯未来。

> **我的教学感悟**

# 130. 理性追星

**活动形式**：案例分析、小组讨论　　**适用学段**：初中　　**适用场地**：教室

**适用主题**：偶像崇拜

**游戏规则**：

（1）老师提前准备 4 个盲目追星的案例（如下所示），并将学生分成 4 组，每组派出 1 人抽取 1 个追星案例并进行讨论：看完故事后，你有什么感受和想法？假如你是案例中的追星者，你会用什么方式追星？

## 案例一

一名女性疯狂地迷恋上某明星，父母为了女儿追星不惜倾家荡产，父亲甚至想要通过卖肾资助女儿追星。后来，这名追星者如愿与自己的偶像合影，但她并不满足于此，她的父亲为了满足女儿的愿望，以跳海自杀来威胁某明星与自己的女儿单独见一面。最后，父亲跳海自杀，女儿也没能单独见自己的偶像一面。

## 案例二

一名少女因母亲没有给自己买偶像某某某的 CD 而与母亲发生了冲突，事后少女自杀，她在日记中写道："看着他我不知道哭过多少次，我喜欢他，不是因为他长得帅，而是因为他与众不同的性格。"

## 案例三

在某所中学，有几个学生模仿电视剧中的人物，穿着奇异的服装，在校园里毁坏公共财物、辱骂老师等。

## 案例四

一名少女因追星与父亲发生了争吵，少女说："明星就是比父母好"，愤怒的父亲拿起菜刀先伤害了女儿，又砍伤了自己。

（2）总结。我们要发现和学习偶像身上优秀的品质，而不是盲目追星。

**解析：**很多人把追星和学习看成对立的两件事，这个游戏可以引发学生对理性追星的思考，让他们以对自己有利的方式追星。

**玩法变形：**老师可以选取其中1个案例让学生进行改写，引发学生对"如何理性追星"的思考。

**分享方向：**大家在追星的时候也要平衡与身边人的关系。

---

我的教学感悟

---

# 131. 你了解抑郁吗

**活动形式：**案例分析、小组讨论　　**适用学段：**初中　　**适用场地：**教室

**适用主题：**抑郁知识科普

**游戏规则：**

（1）老师提前准备3个情境（如下所示），并问大家是否有过与情境中的人物类似的情况。

A: 这一天天的破事怎么这么多，工作上的、生活上的，都快把我整抑郁了，真想啥也不干，直接躺到退休。

B: 我最近经常失眠，早醒，没睡过一次安稳觉，整个人都憔悴了，发际线也后移了，感觉像丢失了自己一样，我怀疑我得抑郁症了，要不要挂个号看看心理医生。

C: 为什么我喜欢的女孩都不喜欢我，真让人难过，一定是我长得太丑，又没有什么才艺，看来我注定要孤独一生了。

（2）老师将学生分成几组并为每组发1张大白纸，组内成员讨论"抑郁的表现"和"哪些人容易患抑郁症"，并在纸上写下讨论的结果。

（3）老师提前把上述2个问题的答案准备好（数量与组数相同），并放在一个纸箱里，也可放一些无关的内容。

（4）各组写完讨论结果后，各派 1 人从纸箱中抽取 1 张纸（通过石头剪刀布决定抽取顺序），看完纸上的内容后决定要还是不要，不要则放回并重新抽 1 张，最多可抽 2 次，最先找到 2 个问题答案的小组获胜。

（5）总结。老师问大家"一个人偶尔情绪低落是抑郁的表现吗""如何区分抑郁症与一般的情绪低落"，并根据大家的回答进行总结。

**解析：** 当青春期的孩子遇上抑郁情绪时，很容易发展为"假性抑郁"，因此让青少年了解有关抑郁的知识并告诉他们如何走出情绪低落的状态很重要。

**玩法变形：** 老师让学生写下自己情绪最低落的时刻，然后通过真实的案例说明抑郁症的表现，以及哪些人容易患抑郁症。

**分享方向：** 抑郁症与抑郁情绪不同，了解有关抑郁症的知识，可以让我们更好地面对自己的低落情绪。

> 我的教学感悟

# 132. 晕轮效应

**活动形式：** 案例分析、心理测试　　　**适用学段：** 初中　　　**适用场地：** 教室
**适用主题：** 性教育、偶像崇拜、趣味心理
**游戏规则：**

（1）老师先讲《韩非子·说难篇》中的一个故事（或类似的故事），故事大意如下。

卫灵公对弥子瑕十分宠幸，有一次弥子瑕的母亲生病了，弥子瑕连夜乘卫灵公的车赶回去看望母亲，但根据卫国的法令，弥子瑕的行为应受到砍掉双脚的处罚，但是卫灵公非但没有处罚他，还赞扬他非常孝顺，后来弥子瑕失去了卫灵公的宠幸，之前曾经被夸奖的孝顺也成了欺君之罪。

（2）老师让大家自由讨论并发言，最后进行总结。

**解析：** 这个游戏是用故事解释经典心理学效应，老师可以引导学生结合日常生活经验进

行讨论。

**玩法变形：** 老师把故事变成小剧本，让大家进行演绎，然后引导学生展开讨论。

**分享方向：** 晕轮效应可以解释同性交往、异性交往及偶像崇拜等主题中的一些现象。

---

我的教学感悟

---

# 133. 蝴蝶效应

**活动形式：** 案例分析、心理测试　　**适用学段：** 初中　　**适用场地：** 教室

**适用主题：** 趣味心理

**游戏规则：**

（1）老师提前准备几个与蝴蝶效应相关的名人名言，如"莫以善小而不为，莫以恶小而为之"，将学生分为几组并让每组派出 1 人从中选 1 句名人名言，组内成员针对这句话展开讨论，讨论结束后每组派出 1 人进行分享。

（2）总结。老师问大家"在生活中，大家还能想到哪些符合蝴蝶效应的例子"，并根据大家的回答进行总结。

**解析：** 老师准备的有些名人名言可能学生没有听说过，老师可以先讲一下这些名人名言背后的故事。

**玩法变形：** 老师可以找一些与蝴蝶效应有关的视频在课堂上播放，让学生更直观地感受蝴蝶效应的影响。

**分享方向：** 在日常生活中，有很多看似突然的变化其实都是质变的结果，因此我们不要低估每一个微小的变化。

---

我的教学感悟

---

# 头脑风暴

　　头脑风暴指老师选择一个开放性的问题，将学生分为几组，每组选出 1 人作为组长，组员遵守"不批评"的原则自由发言，由组长记录发言情况并进行分享。这种活动形式适用于激发学生的创造力和想象力。

　　在组织头脑风暴时，老师要注意选出 1 ~ 2 人做好记录，不允许有任何的批评，他人可以随时进行补充。

## 134. 畅想配图

　　**活动形式**：头脑风暴　　　**适用学段**：高中　　　**适用场地**：团辅室

　　**适用主题**：生涯规划、亲子关系、人际关系、学习心理

　　**游戏规则**：

　　（1）老师将提前准备好的畅想配图（一些标有序号的纸，每张纸上都有一个几何图案，可以与其他纸上的图案进行配对）发给大家，每人 1 张。

　　（2）大家拿到纸后进行配对，限时 2 分钟，然后自由分享自己的"畅想配图"。

　　（3）总结。老师根据大家的分享进行总结。

　　**解析**："畅想配图"的结果应是开放性的。

　　**玩法变形**：老师可以根据主题调整配图的材料，如变成场景选择配对、文字与图片配对等，也可以把开放性结果变成单一结果。

　　**分享方向**：这个游戏中的配图结果没有标准答案，重要的是和而不同。此外，这个游戏还适用于说服、价值观、沟通、选择等主题，如你的选择和别人的选择有什么不同、你会尝试说服对方吗、为什么你会这么选择，等等。

> **我的教学感悟**

# 135. 100种可能

**活动形式：**头脑风暴　　**适用学段：**普遍适用　　**适用场地：**教室

**适用主题：**生涯规划、学习心理（学习方法）、生命教育、智力开发、创造性思维（想象力）

**游戏规则：**

（1）老师将学生分为几组，每组 6 ~ 8 人，每组选出 1 人作为组长，老师为每组发 1 个塑料瓶、1 支笔和 1 张白纸。

（2）老师要求学生在 5 分钟内就"塑料瓶有多少种用途"进行讨论，并把讨论结果记录在纸上。讨论和记录结束后，老师组织各组展示讨论的结果，并将塑料瓶的用途进行归类。

（3）总结。老师问大家"你之前是否想过塑料瓶的用处有这么多""对于大家的讨论结果你有什么感想"，并根据大家的回答进行总结。

**解析：**老师通过让大家思考和讨论塑料瓶的多种用途，引出学习方法也有很多种，从而拓展大家的思维。

**玩法变形：**变换主题（如生命教育），老师可以将讨论的主题变成"失去双手或双脚的残疾人可以从事的职业"，让学生从积极的角度看待生命的价值。

**分享方向：**在平时的学习中，实现目标的方法不止一个，我们要善于思考并找到适合自己的方法。

> 我的教学感悟

# 136. 大胆推算

**活动形式：**头脑风暴、故事创作　　**适用学段：**高中、职中　　**适用场地：**教室

**适用主题：**生命教育、网络成瘾、感恩教育、智力开发、创造性思维（想象力）、校园欺凌

**游戏规则：**

（1）老师向学生讲述案情：有 1 个男人在沙漠中死了，他一丝不挂地躺在沙漠中，周围

没有任何打斗的痕迹。

（2）学生通过向老师提问的方式推断案情的前因后果，并且只能提封闭性的问题。

（3）老师只能用"是"或"不是"回答学生的问题，看看大家需要多久才能推理出整个案情。

**案情经过** 一对夫妇乘坐热气球在沙漠中探险，但中途热气球的燃料不够了，为了减轻热气球承载的重量，他们需要把可以扔的东西全部扔掉，最后他们连穿的衣服也扔掉了，但依然不能解决问题。最后，丈夫为了心爱的妻子能活下来，放弃了自己的生命，跳下了热气球，倒在了沙漠中。

**解析**：这个游戏可以提升学生的逻辑思维能力和创造力。老师可以不要求学生的推理结果与案情经过完全一致，只要接近即为成功。

**玩法变形**：老师可以根据主题更换故事，在梳理出整个故事后，再让学生讨论。

**分享方向**：这个游戏仅靠一个个问题还原整个故事，因此需要大家的智慧和共同努力。

我的教学感悟

## 137. 编织大网

**活动形式**：头脑风暴、解难 　　**适用学段**：初中 　　**适用场地**：团辅室

**适用主题**：人际关系、情绪心理、学习心理、备考或考试心理、考前压力应对、感恩教育、创造性思维（创造力）

**游戏规则**：

（1）老师提前准备几团绳子和一些问题（如"如何发泄情绪""如何拒绝别人"等），将学生分成几组，各组选出1人作为组长、1人作为观察员。

（2）游戏开始后，各组成员分别围成1个圆圈，老师提出1个问题，组长用手捏着绳子的开头，并向其他人抛绳子，抛出时要大声喊出对方的名字，被喊到的人说出问题的答案，以此类推直至抛出的绳子编织成一个大网。观察员在一旁调整大家织网的情况并记下答案。

（3）各组织好网后，让观察员躺在网的中间，大家试着抬起他。

（4）总结。老师需要注意观察是否有组员提出相关策略及大家的配合情况，在总结时讲一下自己的观察结果。

**解析**：大家编织大网的过程就是头脑风暴的过程。

**玩法变形**：老师可以让所有组回答同一个问题。

**分享方向**：我们从这个游戏中收获了关于某个问题的很多解决办法及如何编织一个网。

---

我的教学感悟

---

# 138. 关于死亡的讨论

**活动形式**：头脑风暴、问题辩论　　**适用学段**：高中、职中　　**适用场地**：教室

**适用主题**：哀伤辅导

**游戏规则**：

（1）老师可以让学生提前收集名人关于"死亡"的观点，如乔布斯认为"死亡是生命最伟大的发明"。

（2）学生就"死亡对生命是积极的还是消极的"展开自由辩论，并选出 2 名记录员简要地记下大家的观点。

（3）总结。老师问大家"多数人认同的观点是否就是对的""大家从中获得了哪些启发"，并根据大家的回答进行总结。

**解析**：在这个游戏中，信息收集与辩论的过程能够让大家加深对"死亡"的思考，从而更加珍惜生命。

**玩法变形**：你可以自由发挥自己的创意。

**分享方向**：老师应引导大家勇敢面对和讨论死亡，并且在辩论的过程中了解死亡既有消极意义，也有积极意义。

我的教学感悟

## 139. 一山还比一山高

**活动形式**：头脑风暴、小组讨论　　**适用学段**：小学高年级　　**适用场地**：团辅室

**适用主题**：智力开发（发散思维）

**游戏规则**：

（1）老师将学生分成几组（不超过5组），游戏开始后，老师喊出指令，如"我要最长的""我要最多的""我要最小的"等，然后各组成员讨论周围的哪些物品可以满足老师的要求（只要是教室内的物品都可以），最后看哪组提供的物品最符合老师的要求。游戏可以进行多轮，每轮的讨论时间为2分钟。

（2）总结。老师根据每轮游戏中各组找出的物品进行总结。

**解析**：这个游戏没有固定答案，大家可以进行发散思维，各组找到的物品往往会出乎老师的意料。

**玩法变形**：老师可以把对物品的要求改成对大家特点的要求，从而让学生在游戏中对自己、他人有一个新的认识。

**分享方向**：我们可以在资源有限的情况下创造出无限的可能。

我的教学感悟

## 140. 如何面对愤怒

**活动形式**：头脑风暴、小组讨论　　**适用学段**：初中　　**适用场地**：团辅室

**适用主题**：情绪心理、心理健康、升学准备

**游戏规则：**

（1）老师将学生分成几组，各组分别讨论"当你感到愤怒的时候，你会做些什么"，每组给出的答案不少于 3 个，讨论完后各组选出 1 人分享本组的答案，并由老师记录下来。

（2）各组成员在众多答案中找出消极的做法并用红笔标注，再从剩下的做法中选出 5 个你认为合适的。

（3）总结。老师问大家"你对哪种做法印象最深刻"，并根据大家的回答进行总结。

**解析：** 在大家分享的时候，老师可以强调暂不考虑做法的有效性并鼓励大家多发言。

**玩法变形：** 你可以自由发挥自己的创意。

**分享方向：** 处理愤怒情绪的方法有很多，但原则是我们不能伤害自己和他人。

我的教学感悟

## 141. 出谋献策

**活动形式：** 头脑风暴、小组讨论　　　**适用学段：** 初中　　　**适用场地：** 团辅室

**适用主题：** 开学或复学、考后心理、趣味心理

**游戏规则：**

（1）游戏开始前，老师向学生介绍墨菲定律（如果我们认为一件事会向着坏的方向发展，那么这件事就一定会向着坏的方向发展），然后让学生想一想最近在自己的生活中是否发生过符合墨菲定律的事情。

（2）老师将学生分成几组，各组分析和讨论一个问题（如考试时看错题目怎么办、考试成绩下降怎么办）。

（3）各组玩接球游戏，由其中 1 人开始扔海绵球并提出上述问题，同时把手中的海绵球扔给其他人，接到球的组员立即说出一个解决方法，然后将球扔给下一个人，以此类推。

（4）总结。老师问大家"是什么阻碍了我们发现解决自身问题的方法""针对他人的问题为什么我们更容易想到解决方案""这个游戏对我们的学习有什么启发"，并根据大家的回答进行总结。

解析：这个游戏可以让学生知道解决问题的方法有很多，并且在解决问题的过程中要发散自己的思维。

**玩法变形**：你可以自由发挥自己的创意。

**分享方向**：任何事情都有两面性，即可能会带来不好的影响，也可能会产生积极的作用。

我的教学感悟

# 142. 勇于说不

**活动形式**：头脑风暴、小组讨论　　**适用学段**：小学高年级　　**适用场地**：教室

**适用主题**：人际关系、性教育（异性交往）

**游戏规则**：

（1）老师将学生分成几组，每组选择 1 人从老师手中抽取 1 张情景卡（内容如下所示）并领取 1 张 A4 纸。各组按照情景卡中的内容讨论并创作 10 ~ 16 字（共两句话）的宣传口号以表示拒绝，并把宣传口号写在纸上，限时 15 分钟。结束后各组成员轮流朗读自己的口号，并投票选出最精彩的口号。

- 你的好朋友昨天因为打球没有完成作业，他希望抄一下你的作业，你该怎样拒绝他？
- 你的好朋友想让你和他们一同去教训一个人，你该怎样拒绝他们？
- 陌生人请你帮忙，并表示事后给你一定的"好处"，你该怎样拒绝他们？

（2）总结。老师根据每组的讨论的口号进行总结。

**解析**：大家讨论拒绝他人宣传口号的过程，也是思考如何拒绝他人的过程。

**玩法变形**：变换游戏规则，如采用情景模拟的方式让组员对抽到的情景进行演绎并说出拒绝他人的宣传口号。

**分享方向**：拒绝他人的方式有断然拒绝（如"不可以，绝对不可以"）、共同反省（如"这样做对我们有什么影响"）、表明立场（如"我不赞成这种行为"）、说出感受（如"我不喜欢你这样做"）等。

我的教学感悟

## 143. 热身游戏

**活动形式**：头脑风暴、小组讨论　　**适用学段**：初中　　**适用场地**：教室

**适用主题**：学习心理、目标管理（目标规划）

**游戏规则**：

（1）老师让大家随便做一些游戏或活动，限时 5 分钟。

（2）然后，大家根据老师的要求做动作，结束后老师让学生分享自己的感受。

（3）总结。老师问大家"当目标不明确（指令不清晰）或没有目标时，你的感受如何""如果我们在学习上没有目标，结果会怎样"，并根据大家的回答进行总结。

**解析**：这个游戏可以让学生体验没有目标和方向的迷茫感。

**玩法变形**：你可以自由发挥自己的创意。

**分享方向**：当一个人不知道自己要做什么时会很迷茫，目标既能为我们指引前进的方向，也能激发我们拼搏的动力。

我的教学感悟

## 144. 白纸上的黑点

**活动形式**：头脑风暴、艺术性表达　　**适用学段**：普遍适用　　**适用场地**：教室

**适用主题**：生涯规划、自我意识（自我认同）、生命教育、自信心理、网络成瘾、感恩教育、价值观、积极心理、创造性思维、校园欺凌、挫折教育

**游戏规则：**

（1）老师给每人发 1 张纸，纸中间有 1 个黑色的点，每张纸上黑点的大小、形状都不相同。

（2）老师将学生分成约 10 人 1 组，并为每组准备剪刀、美工刀、胶水、彩纸、白纸、彩笔，各组讨论如何处理纸上的黑点并在纸上操作。

（3）最后各组将处理后的纸贴在黑板上，大家自由交流和讨论。

（4）总结。老师问大家"当看到白纸上的黑点时，你的感觉是什么""你觉得哪组的处理方法最好"，并根据大家的回答进行总结。

**解析：** 由于材料中有剪刀、美工刀等危险工具，因此老师要提醒大家注意安全，如果是低学段的学生，可以不提供剪刀、美工刀。

**玩法变形：** 变换游戏规则，如老师为每人准备 2 张纸，大家在其中 1 张纸上写下自己的缺点，在另 1 张纸上根据自己写的缺点的数量在白纸上画相同的黑点，位置随意，画好后运用工具对白纸上的黑点进行处理。

**分享方向：** 面对同样的缺点，不同的人可能会有不同的态度和处理方法。

---

我的教学感悟

---

# 小组讨论

小组讨论是指老师将学生分成几组，让他们在组内或者组与组之间就某个问题进行讨论和交流，最后形成一个结论并进行分享。小组讨论对学生的口头表达、分析归纳和思维能力有一定的要求，因此适合高年级的学生。小组讨论大致可以分为以下几类。

- 座谈会。每组成员针对某个问题进行讨论，并选出 1 人整理大家的观点和解决方法。

- 三两讨论。老师将学生分成 2 ~ 3 人 1 组，然后要求各组在限定时间内就某个问题进行讨论，最后各组选出一人分享讨论的结果。

- 配对讨论。老师让学生 2 人 1 组对某个问题进行讨论，然后再让 2 组学生（即 4 个人）一起讨论，以此类推，这种逐步进阶的讨论方法可以让讨论结果更具有代表性。

在组织这类讨论时，老师需要注意学生要有兴趣参与讨论、讨论时间充足、及时给予学生鼓励和适时维护秩序。

## 145. 找出卧底

**活动形式：**小组讨论　　**适用学段：**初中　　**适用场地：**教室

**适用主题：**开学或复学、角色意识

**游戏规则：**

（1）老师将学生分成 8 人 1 组，并将提前准备好的任务纸分给大家，每组任务纸上的任务相同，但其中有 1 张是白纸（即卧底），各组成员需在讨论的过程中找到其中的卧底。

（2）大家可以随时猜卧底，但每组猜卧底的次数有限，如果猜对，则游戏结束，否则卧底获胜。

（3）总结。老师问大家"在最后投票选卧底的时候，你与其他人的意见一致吗""（卧底）当大家猜不出卧底的时候，你有什么感受"，并根据大家的回答进行总结。

**解析：**这个游戏适用于开学或复学、角色意识等主题，以增加学生之间的交流和互动，并且让学生理解身在不同的位置会有不同的感受。

**玩法变形：**老师可以增加干扰角色，干扰角色的任务是在组员讨论的过程中融入其中且不能暴露自己的身份，其他组员不知道有"干扰角色"存在。

**分享方向：**老师根据大家玩游戏的过程、感受、自己的发现及需要关注的地方进行分享。

我的教学感悟

## 146. 情绪晴雨表

**活动形式**：小组讨论　　**适用学段**：小学高年级　　**适用场地**：团辅室

**适用主题**：情绪心理（情绪觉察）

**游戏规则**：

（1）老师将学生分成几组，并将提前准备好的情绪词汇和表情图片发给各组，各组把对应的情绪词汇与表情图片进行配对，即把情绪词汇贴在对应的表情图片的下面，然后老师给各组发气象图片（如阴天、雨天、晴天、打雷），各组将气象图片和表情图片进行配对，最后各组展示配对结果并说明原因。

（2）总结。老师问大家"你喜欢或不喜欢哪种情绪"，并根据大家的回答进行总结。

**解析**：大家在讨论如何配对的时候，能够增加他们对情绪特点的思考和认识。

**玩法变形**：变换主题，如老师可以更改图片和词汇以使这个游戏适用于不同的主题。

**分享方向**：不同的情绪会给我们带来不同的感受，情绪没有好坏之分，重要的是我们要接纳自己的情绪。

我的教学感悟

## 147. 好言相对

**活动形式**：小组讨论　　**适用学段**：高中、职中　　**适用场地**：教室

**适用主题**：亲子关系、人际关系、情绪心理（情绪调节）、人格特质（性格）、升学准备

**游戏规则**：

（1）老师提前准备 2 个故事（分别是关于非暴力沟通与暴力沟通的）。游戏开始后，老师通过幻灯片呈现这 2 个故事，并让学生说出自己喜欢哪个故事及原因。

（2）老师准备一些暴力沟通的语句，让学生分组讨论如何把这些充满暴力的语句变成非暴力的语句，然后各组选出 1 人分享讨论的结果，并结合自己的经历分享感受。

（3）总结。老师对暴力沟通与非暴力沟通带来的不同影响及非暴力沟通的技巧进行总结。

**解析**：在校园中，很多学生误把暴力沟通当作开玩笑，导致身边的人在不经意间受到了伤害；在这个游戏中，通过案例分析及语句训练，可以让学生认识到非暴力沟通的重要性。

**玩法变形**：变换游戏规则，如老师先给出暴力沟通的语句，并让学生按照模板将其改写成非暴力沟通的语句。

**分享方向**：老师可以通过这个游戏让大家理解和掌握非暴力沟通的概念及技巧。

我的教学感悟

## 148. 找不同

**活动形式**：小组讨论　　**适用学段**：小学低年级　　**适用场地**：教室

**适用主题**：智力开发（观察力）、自律自控（专注力）、创造性思维（创造力）

**游戏规则**：

（1）老师先选出 1 人作为小助手，并对小助手进行装饰和打扮。随后，老师让其他学生认真观察小助手，限时 1 分钟，1 分钟后老师带小助手离开教室并对其进行"再加工"，如拿掉一些装饰物或者加入一些新装饰物。

（2）老师带领小助手返回教室，让学生说出小助手与之前有哪些地方不一样。老师对小助手"再加工"5 次（视情况而定），每次改变的内容不同（也可以是对前几次的加工复位）。

（3）总结。老师问大家"在你与其他人交往的过程中，你是否能轻易觉察到对方与平时不一样"，并根据大家的回答进行总结。

**解析**：老师可以通过类似需要对比和观察的游戏提升学生的观察力和注意力。

**玩法变形**：变换游戏规则，如学生可以分组讨论或进行抢答，以增加彼此之间的互动与联结。

**分享方向**：老师根据大家玩游戏的过程、感受、自己的发现及需要关注的地方进行分享。

我的教学感悟

## 149. 有多少责任

**活动形式**：小组讨论　　**适用学段**：小学低年级　　**适用场地**：教室

**适用主题**：价值观、角色意识

**游戏规则**：

（1）老师将学生分成几组，各组讨论"我有哪些责任"，限时 5 分钟。讨论结束后各组将讨论的结果写在纸上并将纸贴在黑板上。

（2）总结。老师问大家"有哪些责任是你之前没有意识到的""有哪些责任自己没有承担起来"，并根据大家的回答进行总结。

**解析**：老师可以通过这个游戏让学生明白，每个人都有各自需要扮演的角色和应该承担的责任。

**玩法变形**：变换游戏规则，如老师呈现不同场景的图片，学生分析图片中人物扮演的角色和承担的责任。

**分享方向**：老师根据大家玩游戏的过程、感受、自己的发现及需要关注的地方进行分享。

我的教学感悟

## 150. 艺术插花

**活动形式**：小组讨论、艺术性表达　　**适用学段**：普遍适用　　**适用场地**：教室

**适用主题**：创造性思维（创造力）、角色意识、升学准备

**游戏规则：**

（1）老师将学生分成几组，每组人数相同并选出 1 人作为组长。

（2）老师提前准备以下材料：花瓶（花瓶个数与组数相同），仿真的草、花（数量比组数各多 1 个）。

（3）各组组长领取上述材料，各组在 10 分钟内完成插花和作品命名的任务，随后由组长向大家介绍本组的作品创作过程。

（4）总结。老师问大家"你觉得哪一组的作品最好看"，并根据大家的回答进行总结。

**解析：** 花瓶的大小与花草的高度要匹配，也可以用塑料瓶代替花瓶。

**玩法变形：** 你可以自由发挥自己的创意。

**分享方向：** 老师应引导学生思考红花与绿叶之间的区别和价值，并学会欣赏他人的优点。

我的教学感悟

# 书写练习

书写是艺术表达的一种方式，可以帮助个体舒缓情绪。书写练习包括以下几种形式。

- 主题书写。主题书写是指就某个主题进行书写，分为主题探索、写信、写卡片、写便利贴等。

- 自由书写。自由书写是指让学生写出那些自然而然出现在脑海中的内容，重点在于让学生将当下出现的各种想法、感受呈现出来。

- 思维导图。思维导图以一个问题为书写任务，让学生发散思维并形成一个思维导图，以表示学生对该问题的不同方面的思考。

# 151. 职业树讨论

**活动形式：** 书写练习　　**适用学段：** 初中　　**适用场地：** 团辅室

**适用主题：** 生涯规划、网络成瘾、价值观、目标管理（目标执行）

**游戏规则：**

（1）老师在黑板上贴1张大大的白纸，纸上有1棵大树，并在树干上写上6种职业（如医生、飞行员、教师、警察、律师、售货员）。

（2）老师将学生分成几组，各组成员讨论从事这6种职业需要具备的能力并写在便利贴上，1张便利贴上写1条，每种职业至少写10张便利贴。

（3）各组讨论结束后，选出1人作为代表将便利贴贴在职业树相应的位置上，老师带领大家进行分类，最终得出从事这6种职业需要具备的能力。

（4）总结。老师问大家"在这6种职业中，有没有你将来想从事的职业""你认为自己会拥有胜任该职业的能力吗"，并根据大家的回答进行总结。

**解析：** 这个游戏主要是为了引发大家对将来所从事职业的思考，没有好坏和对错之分。

**玩法变形：** 变换主题，如老师可以把职业换成品德、价值观、目标等。

**分享方向：** 老师可以根据主题调整分享的内容。

---

我的教学感悟

---

# 152. 心怀感恩

**活动形式：** 书写练习　　**适用学段：** 普遍适用　　**适用场地：** 教室

**适用主题：** 感恩教育、疫情心理、心理危机干预、心理健康

**游戏规则：**

老师提前准备一些信纸和卡片，引导学生写感恩日记和感恩卡。

• 感恩日记：每天写3件值得感恩的日常事件。

• 感恩卡：每天写1张感恩卡并送给对方。

解析：这个游戏通过书写练习让学生学会感恩身边的人和事。

玩法变形：老师可以先讲一个故事（如故事的主人公总是抱怨，并且感觉生活糟糕透了），并让大家想象自己就是故事中的主人公，并写下 3 件值得感恩的事情。

分享方向：当我们心怀感恩时，内心就会更有力量。

我的教学感悟

## 153. 我想成为你

**活动形式**：书写练习 　　**适用学段**：普遍适用 　　**适用场地**：教室

**适用主题**：梦想教育、偶像崇拜

**游戏规则**：

（1）老师给每人发 1 张白纸，然后让大家左右对折并在左上角写下自己偶像的名字，在右上角写上自己的名字。

（2）老师让学生在纸的左边写下自己偶像的优点，在右边写下自己的优点，写完后可以分组讨论。

（3）总结。大家想成为自己偶像那样的人吗？对此我们应该做出哪些努力？老师根据大家的回答进行总结。

**解析**：这个游戏可以发挥偶像的积极作用，让学生学习偶像身上的优点。

**玩法变形**：

（1）变换游戏规则，如学生在纸的左边写下偶像的缺点，在右边写下自己的优点。

（2）变换主题，如学生在左边写下自己的缺点，在右边写下相应的改进方法并互相传阅，有相似缺点的人可以共同探讨改进的方法。

**分享方向**：大多数人都有崇拜的偶像，老师可以引导学生学习偶像身上的优点，以成就更好的自己。

我的教学感悟

# 154. 我的心灵陪伴者

**活动形式：** 书写练习　　　**适用学段：** 普遍适用　　　**适用场地：** 教室

**适用主题：** 人际关系、情绪心理（情绪调节）、环境适应、网络成瘾、感恩教育、心理危机干预

**游戏规则：**

（1）老师提前准备若干张（按总人数定）"我的心灵陪伴者"卡片（即 4 个同心圆），将学生分成几组并给每人发 1 张卡片。

（2）老师让学生先在中间的圆中写下自己的名字，接着在剩下的 3 个圆中写下能为自己提供帮助和支持的人的名字（每个圆中的名字不超过 5 个）。

（3）总结。老师问大家"你写下的能够帮助自己的人分别是谁""当想到他们时，你有什么感觉""你觉得他们为什么愿意帮助你"，并根据大家的回答进行总结。

**解析：** 为保证大家所写的内容是真的，老师可以让学生彼此之间保持一定的距离。老师可以告诉学生离中间的圆越近的人与自己的关系越好。

**玩法变形：** 变换主题，如可以将人名换成自己的特点、偶像等。

**分享方向：** 这个游戏源自生态系统理论，越接近中间的圆的人对个体的影响越大；当我们遇到困难时，可以向这些人寻求帮助。

我的教学感悟

## 155. 时间的小主人

**活动形式**：书写练习　　**适用学段**：小学低年级　　**适用场地**：教室

**适用主题**：时间管理

**游戏规则**：

（1）老师在黑板上写下各种活动（如叠衣服、洗碗、写作业、打篮球等，不少于 10 种），学生拿出 1 张纸，把自己进行上述各项活动的时间写出来，如叠衣服 10 分钟、写作业 1 小时等。

（2）大家写完后，老师将学生分成几组，各组成员交流各自的时间表，了解其他人在某项活动上所用的时间，并尝试调整自己的时间。老师让学生在课后根据调整后的时间表完成各项活动。

（3）总结。老师分享每个人的时间表，并让大家投票选出"最佳时间表"，分析这个时间表并进行总结。

**解析**：这个游戏通过书写对比的方式让学生了解如何合理使用和分配时间。

**玩法变形**：变换游戏规则，如大家写下自己的时间表后，与组内成员进行交换，并尝试在课后用对方的时间表完成各项活动。

**分享方向**：这个游戏可以让学生对时间的分配有一定的认识，从而引出提高效率、做好时间管理等内容。

> **我的教学感悟**

## 156. 时间四象限

**活动形式**：书写练习　　**适用学段**：初中　　**适用场地**：教室

**适用主题**：备考或考试心理、环境适应、网络成瘾、价值观、目标管理（目标规划）、时间管理

游戏规则：

（1）以"我的一天（或一周）"为主题，让学生在 5 分钟内把自己一天中需要做的事情写下来。

（2）老师让学生根据时间管理四象限法则在白纸上画一个坐标轴，并在坐标的四个象限分别写下：重要又紧急（马上去做）、重要不紧急（定时去做）、紧急不重要（让别人去做）、不紧急不重要（不要做）。

（3）总结。老师问大家"时间四象限带给你哪些思考""你认为这个工具还有哪些用途"，并根据大家的回答进行总结。

解析：在这个游戏中，重点在于让学生了解时间分配的重要性。

玩法变形：

（1）变换游戏规则，如老师把时间四象限画在黑板上，让学生讨论应该将每项活动放在哪个象限中

（2）变换主题，如时间象限体现的是矩阵思维，这种思维可以应用在分科和社交行为的选择上等。

分享方向：在日常生活中，我们每天要做很多事情，只有把要做的事情的优先顺序排列好，并按照顺序完成，我们才能管理好自己的时间。

---

我的教学感悟

---

# 157. 时间去哪了

**活动形式**：书写练习　　**适用学段**：普遍适用　　**适用场地**：教室

**适用主题**：学习心理（学习方法）、时间管理

**游戏规则**：

（1）老师让大家在纸上画 1 个圆圈，并将这个圆平均分成 24 份，每份代表 1 小时，在圆形的顶部和底部分别写上"0"和"12"。学生将自己一天的时间安排（区分上学日和休息日）填在相应的圆圈内，看看自己把时间都用在哪些地方。

（2）总结。老师根据大家的时间安排进行总结。

**解析**：这个游戏通过画图的方式让学生直观地看到自己一天的时间安排，有助于学生思考自己的时间安排是否合理，以及哪些地方还可以优化。

**玩法变形**：布置课后作业，如老师让学生每天画一个时间分配图，并尝试对其进行分析和优化。

**分享方向**：每个人每天的时间都是有限的，只有知道自己的时间用在哪些地方，才能进行合理的规划和管理。

> **我的教学感悟**
>
>

# 158. 生命线

**活动形式**：书写练习　　　**适用学段**：普遍适用　　　**适用场地**：教室

**适用主题**：生涯规划、亲子关系、生命教育、网络成瘾、感恩教育、角色意识

**游戏规则**：

（1）老师在黑板上画一条线并在线上标注三个关键点：出生、今天和生命终结。老师先分享自己对生命线的想法和感悟，然后让每人画一条生命线。

（2）大家画完后，老师将学生分成几组，引导他们想象并完成下面的内容，然后各组成员进行讨论和交流。

- 最大的困惑
- 最想做的事情
- 最害怕的事情
- 对未来的期望
- 想成为一个怎样的人
- 谁是帮助你的人

（3）总结。老师根据大家的讨论和交流情况进行总结。

**解析**：这个游戏通过画生命线的形式让学生直观地看到自己的人生进程。

**玩法变形**：增加游戏规则，如让每个人在过去的时间线上标记出令自己印象深刻的事。

**分享方向**：当回顾过去时，我们会发现之前被自己认为很困难的事，现在看来也不过如

此，进而引出重塑自我和规划未来。

---

我的教学感悟

---

## 159. 你聪明吗

**活动形式**：书写练习　　**适用学段**：初中　　**适用场地**：教室

**适用主题**：压力应对、应激反应、开学或复学、考后心理、升学准备

**游戏规则**：

（1）老师根据学生所处的学段提前准备几道题目（如下所示），并为每人印发一份，要求学生在限定时间内完成答题。

- 小明晚上 7：00 就上床睡觉了，第二天早上要上钢琴课，他把闹钟设为早上 8：45，请问，在闹钟响之前小明一共睡了多长时间？

- 一年中有哪几个月是 30 天？

- 50 除以 1/3，然后加上 7，答案是多少？

- 在人民币上每次都会出现的六个字是什么？

- 医生给你开了 9 粒药丸，并告诉你 45 分钟吃 1 粒，请问全部吃完这些药丸需要多久？

（2）限时结束后老师呈现答案，学生评估自己的答题情况。

（3）总结。老师问大家"你答错的原因是什么""这些因素是如何影响你答题的""你认为怎样才能消除这些因对你素造成影响"，并根据大家的回答进行总结。

**解析**：适度的紧张有利于大家表现出最佳水平。

**玩法变形**：增加游戏环节，如时间每过去 1 分钟，老师就提醒学生"时间已经过去 1 分钟，现在剩下 × 分钟"……当剩下 10 秒的时候，老师进行倒计时。

**分享方向**：老师可以引导学生思考在考试时如何分配时间。

我的教学感悟

## 160. 爱的天平

**活动形式：**书写练习　　**适用学段：**小学高年级　　**适用场地：**教室

**适用主题：**亲子关系、感恩教育

**游戏规则：**

（1）老师给每人发 1 张白纸，并让大家在纸上画 1 个简单的天平，然后在天平的两边分别写上最近父母和自己为彼此做过的事情（父母为自己做的写在右边，自己为父母做的写在左边）。大家写完后，对比自己写下的每一件事情，思考自己的"爱的天平"是否平衡。

（2）总结。老师让学生自由发言说一下自己的感想并进行总结。

**解析：**在日常生活中，很多学生主动或无意识地让父母帮自己做很多事，这个游戏可以让学生看到父母为自己做的事，以此引发他们对父母的感激。

**玩法变形：**老师可以在游戏过程中用真的天平，以让学生的体验更明显和真实。

**分享方向：**倾斜的天平代表了爱的倾斜，这个游戏可以让学生学会换位思考，感激父母对自己的付出与爱。

我的教学感悟

## 161. SWOT 分析法

**活动形式：**书写练习　　**适用学段：**初中　　**适用场地：**教室

**适用主题：**目标管理（目标规划）、积极心理、梦想教育

**游戏规则：**

（1）老师向学生介绍 SWOT 分析法，并让学生画出 SWOT 表（田字格）：S（Strengths）是优势、W（Weaknesses）是劣势、O（Opportunities）是机会、T（Threats）是威胁。

（2）老师让学生根据自己的情况在每个格子里填写相应的内容，最后通过 SWOT 分析表引导学生进行目标规划与分析。

（3）总结。老师问大家"你之前是否想过劣势也可能是一种机会""这对于你的学习有什么启发"，并根据大家的回答进行总结。

**解析：**SWOT 分析法能帮助学生系统地分析和思考自己的现状，并将其运用于学习目标及人生目标的规划。

**玩法变形：**你可以自由发挥自己的创意。

**分享方向：**这个游戏可以让学生学会用全面的思维分析自己的现状，这有利于他们及时调整自己的学习方法、方向及策略。

> 我的教学感悟

# 162. 正向沟通

**活动形式：**书写练习　　　**适用学段：**初中　　　**适用场地：**教室

**适用主题：**校园欺凌

**游戏规则：**

（1）老师准备若干张纸条，每张纸条上都有一句可能会伤害到别人的话。老师让每个人随机抽取 1 张纸条，并在心里默念几遍纸条上的话，然后闭上眼睛想象有人对自己说了这句话。

（2）老师让学生在这句话的下面写出自己愿意听到的话。

（3）总结。老师问大家"你平时是否在无意中说过或听他人说过这些话""当听到这些话后，你的感受是什么""以后我们可以怎么做"，并根据大家的回答进行总结。

**解析：**这个游戏可以让学生了解语言暴力对他人的影响和伤害。

**玩法变形：**变换游戏规则，如老师将学生分成 2 人（A、B）1 组，A 对 B 读出纸条上的话，B 听后说出自己的感受；A 修改纸条上的话，直至 B 听后觉得舒服为止，随后 2 人互换角色。

**分享方向：** 我们都有意或无意地说过一些伤害别人的话，在平时的交往中，我们要懂得正向沟通的重要性。

> **我的教学感悟**

# 163. 重塑自我

**活动形式：** 书写练习　　**适用学段：** 高中、职中　　**适用场地：** 教室

**适用主题：** 自我意识、自信心理

**游戏规则：**

（1）老师让学生找 1 个词形容自己，并且这个词表达的是对自己不满意且希望改进的地方。

（2）老师给每人发 1 张纸，学生将自己想到的词写在下面的横线上，并根据后面的问题写出自己的答案。

- 我最希望改变的是＿＿＿＿＿＿＿。
- 我希望如何改变这个词，以使自己达到最理想的状态？
- 如果最理想的状态是 10 分，我给现在的自己打几分？
- 如果在现在的基础上加 1 分，结果会是什么样子？
- 我可以做些什么以增加 1 分？
- 如果我增加 1 分，谁会看到？
- 如果我在接下来的一周打算采取行动改变自己，结果会怎样？

（3）大家写完后，把纸交给你最希望看到你改变的人的手里。

（4）总结。老师问大家"你写完后感觉如何，你的内心是否充满了力量""你觉得自己一开始设定的目标如何""当回答完上述问题后你感觉如何"，并根据大家的回答进行总结。

**解析：**这个游戏可以作为"我的角色"游戏的延续。老师先让学生分别给自己设定一个目标，然后逐渐分解目标，直至聚焦到每天的行动上。

**玩法变形：**老师可以让学生收好自己写的答案，在一周或两周后检查自己的改变，并分析成功或失败的原因。

**分享方向：**当我们将大目标拆分成很多小目标时，既比较容易完成，又能体验到成就感。

我的教学感悟

# 164. 成长坐标

**活动形式：**书写练习、艺术化表达　　**适用学段：**普遍适用　　**适用场地：**教室

**适用主题：**环境适应、挫折教育、心理危机干预

**游戏规则：**

（1）老师先播放一段舒缓的音乐，通过以下引导语带领学生探寻成长过程中的典型事件。

在每个人的成长过程中，都会发生一些让自己久久不能忘怀的事情，请你留意此刻浮现在脑海中的画面，感受此刻内心浮现出的情绪，然后回想当时你的年龄和你正在做什么。

（2）老师让学生把刚才想到的内容通过绘制坐标的形式呈现出来，横轴是时间（0～18岁），纵轴是生活满意度（0～10分），用点表示自己当时经历某件事时的年龄和相应的满意度，最后将所有的点按顺序连成1条线。

（3）总结。老师问大家"你会用哪3个词语形容自己的成长经历""为什么你会选择标记这些事件""你认为这些事件对你的现在和未来有什么影响"，并根据大家的回答进行总结。

**解析：**这个游戏可以帮助学生梳理自己对成长过程中典型生活事件的态度和认知。

**玩法变形：**你可以自由发挥自己的创意。

**分享方向：**每个人的成长都会受到多方面因素的影响，过去的事情已无法改变，关键是我们如何看待已经发生的事情。

我的教学感悟

# 引导式幻想

引导式幻想与想象游戏类似，经常被用于情绪放松、生涯辅导等。引导式幻想对环境和氛围有一定的要求，否则学生很难进入状态。

金树人教授将引导式幻想分为以下几个阶段。

- 引导。在这个阶段，老师要让学生了解幻想技术并根据学生的反应评估是否适用。

- 放松。老师引导学生将注意力放在身体的各个部位，并进行暗示性放松，也可以引导学生将身体的各个部位先绷紧几秒再慢慢地放松，以便为引导式幻想做好准备。

- 引导式幻想。引导式幻想分成静默式与交谈式两种，静默式幻想指当学生的身体处于放松状态时，老师引导他们进入冥想的情境；交谈式幻想类似于咨询辅导时的交谈，学生闭着眼睛，在冥想的状态下与老师进行交谈。

- 归返。老师引导学生重新回到现场。

- 讨论。在支持性的氛围下，老师让学生分享引导式幻想中的感受及想法。

## 165. 放松想象

**活动形式：**引导式幻想　　**适用学段：**初中　　**适用场地：**教室

**适用主题：**自我意识（自我觉察）、情绪心理、备考或考试心理（考试焦虑）、正念

**游戏规则：**

（1）老师选择一个适宜进行引导式幻想的环境和时间段，拉上教室里的窗帘并播放一段适宜的轻音乐。

（2）老师说出下面的引导语。

请大家慢慢地闭上眼睛，以最舒服的姿势坐好，慢慢地调整呼吸，让自己的头部、肩膀、四肢都慢慢地放松下来，你会开始觉得，你的头变得很轻，你的肩膀和四肢也变得很轻。现在，我们的身体跟随着音乐来到一个地方，我们的眼前出现了一幅画面。在画面里，我们看到了……请大家跟着音乐在这个空间中畅游……当音乐结束时，大家慢慢地睁开眼睛。

（3）总结。老师让学生交流幻想时的感受，最后进行总结。

**解析**：在引导式幻想过程中，老师应借助音乐的暗示作用，让学生慢慢地平静下来，放松身体，然后引导学生开始想象。

**玩法变形**：你可以自由发挥自己的创意。

**分享方向**：在幻想过程中，每个人看到的画面不同，老师可以通过这个游戏帮助大家放松身心。

```
我的教学感悟



```

# 166. 时间过去多久了

**活动形式**：引导式幻想　　**适用学段**：普遍适用　　**适用场地**：教室

**适用主题**：时间管理

**游戏规则**：

（1）游戏开始前，老师提前把教室里的钟表及学生的手表收起来。

（2）老师让学生闭上眼睛并以自己感觉舒服的姿势坐好，安静地感知时间的流逝。老师开始计时，2分钟后询问大家时间过去了多久并记录每个学生的回答。

（3）老师让学生站直且双手贴紧大腿外侧，同时闭上眼睛，安静地感知时间的流逝。老师开始计时，2分钟后询问大家时间过去了多久并记录每个学生的回答。

（4）总结。老师问大家"两次游戏的时间都是2分钟，你的感受有何不同"，并老师根据大家的回答进行总结。

**解析**：在这个游戏中，不宜播放音乐，环境越安静越好。

**玩法变形**：老师将学生分成几组且两两对决，其中一组自由活动，另外一组看书，5 分钟后，老师询问大家时间过去了多久。

**分享方向**：无论我们是主动利用时间，还是浪费时间，时间都在慢慢地流逝，不受我们的控制，因此我们能做的就是合理规划时间和高效利用时间。

---

我的教学感悟

---

# 167. 时光机

**活动形式**：引导式幻想　　**适用学段**：初中　　**适用场地**：教室

**适用主题**：梦想教育、时间管理

**游戏规则**：

（1）老师先让学生安静下来，然后播放一段舒缓的音乐并读出下面的引导语，以冥想的方式引导学生进行幻想，让大家在想象中回忆过去和畅想未来。

现在请你以一个舒适的姿势坐好，轻轻地闭上眼睛，并让自己放松下来。现在请跟着我的声音……慢慢地吸气……再慢慢地吐气……将身体慢慢地放松……放松……慢慢地、慢慢地……我们一起开始一趟神奇的时光旅行……在这个过程中，我的声音是你的向导。现在你坐在了时光机上，这个时光机带着你回到了小时候，是你上幼儿园的时候吗？还是更早？当时你都经历了什么……

接着你来到小学，你适应小学的生活吗？你的学习成绩如何？

然后，你上了初中，在你的生活中又发生了哪些事情？

好了，现在时光机把你带到了未来……现在，中考结束，你考上了哪所学校？在读高中时你经历了什么？你考上了哪所大学？你选了什么专业？现在，你大学毕业了。你的求职过程还顺利吗？你最终找到了一份什么样的工作？

直到生命结束，期间还发生了哪些重大事件？

好了，这段特别的旅程即将结束。

接下来，我倒数 3 个数……3……2……1……现在你带着那些特别的感觉慢慢地睁开眼睛，回到课堂上。

（2）总结。在刚才的冥想中，大家对自己的未来都进行了畅想，我们无法改变过去，但未来在我们手中。如果你想要实现自己的梦想，那就从现在开始努力吧。

**解析：** 这个游戏让学生跟着老师的引导回忆过去和畅想未来，这种想象游戏可以为后续的活动做铺垫，比如画生命线或进行自我对话等。

**玩法变形：** 你可以自由发挥自己的创意。

**分享方向：** 人的一生就像一趟旅行，要经历很多次上车和下车，在这个过程中会有很多事情发生，有些事云淡风轻，有些事则令人刻骨铭心，而唯有这样才能成就精彩的人生。

我的教学感悟

# 168. 心中的点

**活动形式：** 引导式幻想　　**适用学段：** 小学低年级　　**适用场地：** 教室

**适用主题：** 备考或考试心理（专注力）、网络成瘾、自律自控（专注力）、开学或复学

**游戏规则：**

（1）老师先组织学生开展以专注力为主题的活动（如左手和右手同时画圆和三角），引导学生了解专注的重要性。

（2）老师通过以下引导语带领学生进行集中注意力的练习（如视觉、听觉配合的训练）。

请大家闭上眼睛，想象空中有一个点，一直盯着这个点，然后想象自己将这个点慢慢地延伸为一条线，接着这条线变成五角星或者旋涡状，观察一下这个图形是怎样运动的，这个图形继续发生变化，变得越来越复杂。现在只有你知道这个图形长什么样，继续观察它是怎样运动的。请大家慢慢地睁开眼睛。

（3）总结。老师请大家分享在做上述练习时的感受并根据大家的回答进行总结。

**解析：** 这个引导式幻想活动可以提升学生的专注力，让学生在各项活动中更加专注。

**玩法变形：** 你可以自由发挥自己的创意。

**分享方向：** 老师可以将这个引导式幻想活动布置为家庭作业，让学生每天练习一次。

我的教学感悟

## 169. 重整心情

**活动形式：** 引导式幻想　　　**适用学段：** 普遍适用　　　**适用场地：** 教室

**适用主题：** 正念、心理危机干预

**游戏规则：**

（1）老师让学生以舒服的姿势坐好，手自然放下，双脚平放在地上，缓慢地吸气（默数1、2、3）和呼气（默数1、2、3）。

（2）老师用下面的引导语带领学生练习。

请你用眼睛看一下四周，试着在心中说出 5 个你看到的物品，如"我看到地板，我看到一双鞋，我看到……"。然后缓慢地吸气（默数1、2、3）和呼气（默数1、2、3）。接下来，请你仔细听周围的声音，试着在心中说出 5 个你听到的声音，如"我听到自己的呼吸声，我听到时钟滴答滴答响，我听到……"。然后缓慢地吸气（默数1、2、3）和呼气（默数1、2、3）。接下来，请你感受自己的身体，试着在心中说出 5 个身体部位的感觉，如"我感觉到我的双手放在大腿上，我感觉到我的脚趾在鞋子里面，我感觉到……"。

（3）总结。老师让大家分享自己的感受并进行总结。

**解析：** 这是一项放松活动，需要学生跟着老师的引导语进行练习。

**玩法变形：** 变换学段，如果学生学段较低，老师可以引导他们看周围的颜色。

**分享方向：** 这个游戏可以提高大家对周围事物的觉察能力，有利于缓解焦虑和紧张情绪。

> 我的教学感悟

## 170. 当生命结束

**活动形式**：引导式幻想　　**适用学段**：普遍适用　　**适用场地**：教室

**适用主题**：生命教育、哀伤辅导

**游戏规则**：

（1）老师通过以下引导语带领学生进行幻想，以体验生命结束时自己的感受。

请大家以舒服的姿势坐好并闭上眼睛。假设今天是你生命的最后一天，请你边听我的问题，边在内心做答。你会有什么反应？你现在的想法是什么？你想做但还没做的事情有哪些？此时你想对最重要的人说些什么？现在，请你睁开眼睛。

（2）总结。老师问大家"在刚才的幻想中，你脑海中最强烈的想法是什么""睁开眼睛后，你的想法是什么"，并根据大家的回答进行总结。

**解析**：每个人的生命都会结束，这个游戏可以让学生思考自己对死亡的态度。

**玩法变形**：你可以自由发挥自己的创意。

**分享方向**：老师可以通过这个游戏向学生分享活在当下的意义和价值。

> 我的教学感悟

## 171. 内心的梦

**活动形式**：引导式幻想　　**适用学段**：高中、职中　　**适用场地**：教室

**适用主题**：生涯规划、压力应对、梦想教育、考后心理、正念、心理健康、升学准备

**游戏规则：**

（1）老师先播放一段舒缓的音乐，接着通过以下引导语带领学生进行幻想。

请大家闭上眼睛，只关注自己是如何呼吸的，慢慢地，除了呼吸，不要有其他念头。当你准备好了，我们便开始一趟想象中的旅行。你的身体随着呼吸的节奏开始放松……越来越放松……你周围的环境开始变暗……你感觉很舒服、很放松。现在，你只能感受到自己的呼吸，有节奏地呼……吸。现在，你看到远处仿佛有一个圆圆的东西，它在慢慢地靠近你，离你越来越近，最后它停在了距离你 1 米的地方，悬挂在那里。这个东西上面有一个钟表，时针和分针指向 12。你盯着钟表的指针，时间好像凝固了。慢慢地，分针开始动了，然后它走得越来越快。现在，时针走到了 1 的位置。分针走得越来越快，时针也走得越来越快……当指针继续飞快地旋转时，你感到自己被这个钟表吸了进去……整个人被拖进了未来之城……当你穿梭于时间之洞时，有一股凉风掠过你的皮肤……最后，你慢慢地停了下来……钟表上的指针也慢慢地停了下来。此时，已经过了 10 年。你向远处看去，有一个人站在一束光中冲着你微笑，原来那是 10 年后的你，他正在做着一份你梦寐以求的工作。你的意识慢慢地融入这个未来的自己身上。你环顾四周，看看身边有谁，周围的环境如何，是否有人在说话。集中你的注意力，让看到的意象越来越清晰，感受未来的你获得的成就。大家慢慢地睁开眼睛。

（2）老师让学生把刚才在引导式幻想中令自己印象深刻的想法记录下来。

（3）总结。老师问大家"你有什么收获"，并根据大家的回答进行总结。

**解析：** 在想象的过程中，学生可以畅想自己的未来，激发自己学习和前进的动力。

**玩法变形：** 变换主题（如生涯规划），幻想结束后，老师让大家记录下自己幻想的内容并展开讨论。

**分享方向：** 在想象未来的自己时，大家要敢于想象，并且越具体越好，让未来的自己成为激励当下自己的动力。

**我的教学感悟**

## 172. 把爱说出来

**活动形式**：引导式幻想、艺术性表达　　**适用学段**：普遍适用　　**适用场地**：团辅室

**适用主题**：哀伤辅导

**游戏规则**：

（1）老师通过以下引导语让学生想象身边很亲近的人离世了。

请大家以最舒适的姿势坐好，轻轻地闭上眼睛。当很亲近的人离世时，对任何人来说都是一种打击，或许他的离开很突然，让你猝不及防，甚至让你来不及跟他说一句"我爱你"。现在，给你一个时光机，如果回到他离开前的时刻，并且你就在他身旁，你会跟他说什么？（放背景音乐）音乐结束后，请大家慢慢地睁开眼睛。

（2）总结。老师让学生分享自己的感受并进行总结。

**解析**：当我们没有与离世的亲人、朋友好好地告别时，心中可能会留有遗憾，老师可以通过这个引导式幻想活动让学生弥补这种遗憾。

**玩法变形**：增加游戏环节，如在游戏结束后，让大家对身边的人说一声"谢谢你"。

**分享方向**：老师可以让学生说出其他想说的话，并据此进行分享。

我的教学感悟

# 心理测试

在进行心理测试时，老师切忌给学生贴标签，心理测试的结果只能作为参考，并非完全准确。对于测试结果极端的学生，在课后老师要与其单独沟通。根据测试内容的不同，心理测试一般分为以下几种。

- 趣味问卷测试。这种测试的重点在于测试后引发大家对不同结果展开讨论，通过测试结果让学生更加了解自己，以及正确地看待测试结果。

- 情景选择测试。老师提供一个情景故事，然后让学生选择故事的情节和结局，从而引发学生进行思考。老师也可以借助桌游或剧本杀进行测试，学生需要代入角色并不断做出选择。

- 图片投射测试。老师基于一些投射测试图片并结合活动主题提出问题，从而引发学生展开讨论。

- 复刻心理实验测试。老师在课堂上讲授和模拟心理学实验，这不仅可以激发学生的学习兴趣，同时可以让他们更好地了解一些心理学现象。

# 173. 我能跳多远

**活动形式：**心理测试　　　**适用学段：**小学低年级　　　**适用场地：**户外或空旷场地

**适用主题：**自我意识（自我认同）、目标管理（目标执行）、积极心理、梦想教育

**游戏规则：**

（1）老师设定一个目标距离，如 2.5 米（可调整，但要稍微超出学生的能力范围），让学生练习跳远，限时 5 分钟。

（2）老师先让跳一次且完成目标距离的学生站出来，然后让跳两次且完成目标距离的学生站出来，然后让跳三次且完成目标距离的学生站出来……直至所有人都完成目标距离。

（3）总结。老师问大家"你用几次达到了目标距离""在学习方面，对你而言是否有一些看似无法实现的目标"，并根据大家的回答进行总结。

**解析：**这个游戏可以让学生对目标及如何实现目标有一定的认识。

**玩法变形：**老师将学生分成几组，各组自己设定跳远的目标距离，全部组员达到目标距离才算挑战成功，最后对比每组完成的目标距离，目标距离最远的小组获胜。

**分享方向：**在生活和学习方面，只要我们进行合理的规划，一些看似遥不可及的目标就有可能实现。

我的教学感悟

# 174. 探索兴趣岛

**活动形式：** 心理测试      **适用学段：** 初中      **适用场地：** 教室

**适用主题：** 生涯规划、自我意识、网络成瘾

**游戏规则：**

（1）老师展示 6 个岛屿的图片并对岛屿进行介绍（如下所示），这些岛屿代表不同的职业，然后让学生选出自己最想去的岛屿。

R 岛是一座原始自然的岛屿。岛上生态环境很好，岛上的居民擅长做手工活，他们会制作工具、打造器材、修葺房屋和种植花果蔬菜。

I 岛是一座宁静深思的岛屿。岛上的人很少，建筑物集中在一起，有平静的绿野，很适合晚上静观冥想。岛上有图书馆、科学馆及天文馆。岛上的居民喜欢思考和学习知识。

A 岛是一座浪漫美丽的岛屿。岛上有很多美术馆、音乐厅，充满了浓厚的文化艺术气息，另外，当地的居民还保留着传统的绘画、音乐和舞蹈，有很多人来这个岛寻找灵感。

S 岛是一座友好温暖的岛屿。岛上的居民十分友善且乐于助人，他们成立了一个密切互动的服务网络。

C 岛是一座有序现代化的岛屿。岛上有现代化的设施，各项管理都很完善。岛上的居民善于组织和规划，处事有条不紊。

E 岛是一座富裕显赫的岛屿。岛上的居民非常豪爽和热情，他们善于做生意和管理企业。岛上的经济高速发展，到处都是俱乐部和高级酒店。

（2）选择同一岛屿的学生自动为一组，组内成员交流自己选择这个岛屿的原因并给岛屿命名，小组成员轮流写出自己在岛上的状态。

（3）总结。老师问大家"选择某一岛屿的原因"，并根据大家的回答进行总结。

**解析：** 以游戏的形式让学生探索自己的职业兴趣（如下所示），让大家对自己未来的职业

方向有初步的设想，合理规划自己的时间以实现梦想。

R 岛类型：实用性

喜欢的活动：事物性的工作、操作机器、户外活动。

职业倾向：渔民、农民、技术人员、工人、管理者、机械师、特种工程师。

I 岛类型：研究性

喜欢的活动：理解、探索和研究抽象的问题，处理理论、信息、观点。

职业倾向：社会学家、实验室工作人员、化学家、生物学家、物理学家、工程设计师和程序设计员。

A 岛类型：艺术性

喜欢的活动：自我表达和创作，音乐、艺术、戏剧或者写作。

职业倾向：音乐家、作曲家、作家、漫画家、艺术家、诗人、演员、戏剧导演、室内装潢人员。

S 岛类型：社会性

喜欢的活动：与人合作，帮助别人，关心他人。

职业倾向：心理咨询师、教师、社会工作者、服务性行业工作人员。

E 岛类型：企业性

喜欢的活动：影响、说服、领导他人，成就一番事业。

职业倾向：律师、管理者、投资商、市场或销售经理、营销人员、公关人员、采购员、电视制片人和保险代理。

C 岛类型：事物性

喜欢的活动：有秩序且固定的活动，组织和处理数据。

职业倾向：行政助理、会计师、秘书、银行出纳、档案文书、税务专家和计算机操作员。

玩法变形：在这个游戏中，岛屿是一种投射性指代，也可以用其他物品代替。

分享方向：老师根据大家玩游戏的过程、感受、自己的发现及需要关注的地方进行分享。

我的教学感悟

## 175. 换个想法试试

活动形式：心理测试　　适用学段：初中　　适用场地：教室

适用主题：情绪心理（情绪调节）、自信心理、感恩教育、价值观、积极心理、心理健康

游戏规则：

（1）老师展示1张有半杯水的图片，然后问学生"你看到了什么"。老师对大家的回答进行汇总并写在黑板上，如"只剩半杯水""还有半杯水"等，然后引出主题：换个角度看问题会改变我们的心情。

（2）老师继续展示其他图片及对图片的消极描述（如讨厌的蜘蛛网），并让学生改为正面的表述（如美丽的艺术品）。

（3）总结。老师问大家"做完这个游戏后你的感觉如何"，并根据大家的回答进行总结。

解析：这个游戏通过改变学生对事物的看法（信念），从而使其心情发生改变。在游戏中老师可以让学生自由发言，也可以分组讨论，从而引发学生更多的思考。

玩法变形：变换游戏规则，如老师将学生分成3人（A、B、C）1组，老师为每组展示1张图片，A按照剧本或自己的想象进行负面描述，B按照剧本或自己的想象进行正面描述，C将A、B的描述记录下来并分享自己的感受。

分享方向：我们对某件事的感受源于我们对它的态度。

我的教学感悟

## 176. 巴纳姆效应

**活动形式**：心理测试　　**适用学段**：初中　　**适用场地**：团辅室

**适用主题**：自我意识（自我暗示）、人格特质（自我同一性）、趣味心理

**游戏规则**：

（1）老师将学生分成 2 组，2 组学生面对面站立并相隔 1 米的距离。

（2）老师让第一组学生戴上眼罩，给第二组学生每人发 2 条丝带（1 条丝带上绑着氢气球，1 条丝带上绑着石块），让 2 组学生按照指令操作：请第一组学生伸出双臂，掌心朝上，双手在同一水平线上；请第二组学生在第一组学生的右手系上氢气球，现在氢气球不断地向上飘；接下来，请第二组学生在第一组学生的左手系上石头，现在石头在向下落。

（3）老师说完指令后，停顿 15 秒，看第一组学生的双手是否拉开距离，双手之间的距离越明显，则说明个体越易受暗示。老师为学生解释巴纳姆效应，即每个人易受暗示的程度不同，易受暗示的人容易受到周围环境和他人的影响。

（4）总结。老师请学生分享生活中遇到的哪些事情符合巴纳姆效应并进行总结。

**解析**：巴纳姆效应是一种很常见的心理学现象，易受暗示的人容易失去自己的判断力，从而认同一些模棱两可的信息。

**玩法变形**：增加游戏规则，如老师可以让大家讨论在面对巴纳姆效应时，我们可以做些什么。

**分享方向**：在我们感到迷茫的时候，需要头脑清醒，切忌人云亦云。

---

我的教学感悟

---

## 177. 情绪散开

**活动形式**：心理测试　　**适用学段**：初中　　**适用场地**：教室

**适用主题**：抑郁知识科普

**游戏规则**：

（1）老师将学生分成 10 人 1 组并为每人发 1 个一次性水杯和 1 个搅拌棒，为每组发 1 份

颜料，然后在水杯中倒入清水。

（2）老师说出以下引导语并让学生跟着做。

大家先闭上眼睛，想象你昨天放学后着急回家，不小心把心爱的东西弄丢了。今天早上起晚了，还忘记了带作业本。现在你感觉自己的心情像被乌云笼罩一般……现在请大家慢慢地睁开眼睛，选一种颜色的颜料代表你的心情并滴到水杯里，大家认真观察颜料在水中的状态，然后继续在水中加入三种颜料并用搅拌棒在杯子里搅拌。你看到了什么？

（3）总结。老师问大家"一开始你选择的颜料是什么颜色的""后来又加的三种颜料分别是什么颜色""你为什么这样选择"，并根据大家的回答进行总结。

**解析**：这个游戏可以让大家对情绪扩散有一种更直观的体验；如果颜料比较黏稠，应提前加少量的水进行稀释，避免无法形成扩散的效果。

**玩法变形**：你可以自由发挥自己的创意。

**分享方向**：如果我们长时间感觉情绪低落、不开心，要引起重视并在必要时寻求帮助。

---

我的教学感悟

---

# 178. 遵循指导

**活动形式**：心理测试、词句填空　　**适用学段**：普遍适用　　**适用场地**：教室

**适用主题**：目标管理（目标执行）、智力开发（思维）

**游戏规则**：

（1）老师提前准备好以下题目，让学生根据要求完成所有题目，限时3分钟。

下面共有29道题，你需要以最快的速度完成。请你先浏览一遍题目，然后按照题目的要求写出答案。

①在纸的正中间写下你的姓名。

②在姓名旁边写三个"好"字。

③在右上角写上你的生日和性别。

④在最上方写上今天的日期。

⑤在左下角画 3 个正方形。

⑥在 3 个正方形外各画 1 个圆。

⑦在 3 个正方形里面各画 1 个五边形。

⑧在你的姓名上方写上你父母的姓名。

⑨在性别的旁边写上你的生肖。

⑩在你的生日下面写上出生日期单个数字相加之和。

⑪在右上角写出你就读的其中一所学校的名字。

⑫在左边写上你喜欢的一件东西。

⑬在右边写上你讨厌的一件东西。

⑭在左下角画 5 个五角星。

⑮在你父亲的名字下方画一条波浪线。

⑯在父母的名字的下方写上他们的生日。

⑰算算父亲比你大多少岁。

⑱算算你比母亲小多少岁。

⑲再看看你的父母相差多少岁。

⑳在你最讨厌的东西上打一个 ×。

㉑在你喜欢的东西旁边画一个图形。

㉒从这道题开始往下数 3 道题目，这 3 道题不用做的。

㉓请圈出单数号的题目。

㉔在双数号的题目前面打一个√。

㉕计算 28 乘以 82，并把答案写在右下角。

㉖请涂黑第 7 道题中你所画的所有三角形。

㉗现在，你只做第一道题和最后两道题。

㉘数一数你做了多少道题。

㉙请把"遵循指导"写在你的名字下方。


（2）总结。老师问大家"你完成所有题目了吗"，并根据大家的回答进行总结。

**解析：** 这个游戏是为了让学生了解不同选择的后果，引发学生的思考。

**玩法变形：** 增加游戏难度，如缩短完成题目的时间，或者准备另一套与之类似的题目，改变某些题目的问法或要求并让学生重新挑战。

**分享方向：** 老师可以根据课堂氛围让学生举手回答、自由表达或轮流回答，当看到别人和自己的答案不一样时，大家是选择从众，还是坚信自己的判断。

我的教学感悟

# 179. 两难选择

**活动形式：** 心理测试、词句填空　　**适用学段：** 初中　　**适用场地：** 教室

**适用主题：** 自我意识、环境适应、生命教育、应激反应

**游戏规则：**

（1）老师提前准备一个两难选择的情境，将学生分成约 10 人 1 组并向大家展示这个两难选择的情境，之后组内成员对此进行交流和讨论，最后各组派 1 人分享本组的观点。

（2）总结。老师问大家"你们在做决定时是如何考虑的"，并根据大家的回答进行总结。

**解析：** 学生对两难选择情境进行深入探讨可以提升他们的思维水平。

**玩法变形：** 根据大家的选择自动分成 2 组并让他们进行自由辩论，最后让大家重新选择，看看有多少人的选择发生了改变。

**分享方向：** 老师可以通过这个游戏引出我们要为自己的行为负责；此外，有些问题没有唯一的答案，我们的选择是根据自己的价值观及在权衡利弊的情况下做出来的。

我的教学感悟

# 词句填空

词句填空又称未完成语句补全，是基于荣格字词联想测验和投射测验的原理，设置一些未完成的字词或句子任务，借此了解学生的真实想法，适用于自我肯定、自我概念的探索及价值观的选择等主题。根据补全的内容，词句填空可以分为以下几类。

- 自由联想。老师给定一个情境或主题，让学生进行自由联想，或者写出几个最能反映自己想法的词语，从中找出大家的共同点和不同点，进而引出主题。
- 补全字词。补全字词有两种形式：一种是隐藏汉字的一部分，让学生猜测可以被补全成哪些字词；另一种是根据主题让学生补全句子。
- 故事续写。老师提供一个故事模板或四格漫画，然后删除影响故事情节的关键句子或关键漫画页，让故事的结局变得开放，然后让学生根据自己的理解改写故事情节和结局。
- 代入角色判断。老师提供一个案例并描述主人公的经历，然后在关键情节处让学生代入主人公的角色，并让学生对故事情节和结局进行讨论。

## 180. 神奇的力量

**活动形式**：词句填空　　**适用学段**：初中　　**适用场地**：教室

**适用主题**：积极心理、人格特质（自我同一性）、心理健康

**游戏规则**：

（1）老师根据学生人数提前准备相应数量的需要填充的句子（形式如下），并发给每个学生，学生自行补充句子。

我很不一样，因为_____；我喜欢自己，因为_____；
我曾克服的最大的困难是_____，所以我觉得_____。

（2）总结。老师让学生自由分享和讨论自己填写的内容，最后进行总结。

**解析**：补全的句子内容可以根据主题进行修改，通过简单的句子补充，可以让学生从另一个角度重新审视自己。

玩法变形：老师采用快问快答的方式让每个人轮流补充句子。

分享方向：当我们遭遇挫折或心情不好时，可以完成上面的句子填充，说不定会有不一样的发现。

---

我的教学感悟

---

# 181. 现在开始改变

**活动形式**：词句填空　　**适用学段**：初中　　**适用场地**：教室

**适用主题**：积极心理、人格特质（自我同一性）、梦想教育、挫折教育

**游戏规则**：

（1）游戏开始前，老师通过幻灯片向学生展示以下要求。

- 以"我……"或"我的……"句式写一句话，也可以把"我"改成自己的名字。

- 使用现在式写一句话，比如使用"我现在是……""我现在有……""我即将……""我愿意……"等。

- 把你的希望写出来，比如使用"应得""值得""重要的""能够"等。

- 避免表达否定的意思，比如把"我绝不拖延"改为"我要合理规划时间"。

- 不要用模糊的语句，比如把"我可能要……"改为"我正在……"。

（2）老师要求学生根据以上要求写一些"自我肯定句"。10分钟后，老师让学生在心中默念自己写的句子，最后鼓励大家大声读出自己写的句子。

（3）总结。老师问大家读完后感觉如何，并根据大家的回答进行总结。

**解析**：老师可以提醒大家写的内容仅自己可看，所以可以放心地写。

**玩法变形**：你可以自由发自己的创意。

**分享方向**：老师可以让大家把自己写的"自我肯定句"带回家，每天起床后对着镜子说一遍，并观察自己有什么变化。

我的教学感悟

## 182. 回到过去

**活动形式：** 词句填空　　**适用学段：** 小学高年级　　**适用场地：** 教室

**适用主题：** 人际关系

**游戏规则：**

（1）老师将学生分成6～8人1组并让每人抽取一个提前准备好的若干情景（如下所示），每个情景中都有一个以"我可以"开头的句子需要学生补充完整。

- 我向后传递试卷，不小心碰到了同学的头，他说"你有毛病呀"，我可以……

- 上厕所时，隔壁班的一个同学重重地撞了我一下，甚至还白了我一眼，我可以……

- 我和朋友在踢球时，球不小心砸到路过同学的头，他很生气地推了我一下，我可以……

　　……

（2）总结。老师问大家"通过情景体验，你对愤怒情绪的处理与之前有什么不同"，并根据大家的回答进行总结。

　　**解析：** 在游戏开始前，老师可以先向学生介绍处理愤怒情绪的方法，从而理性地处理自己和他人的愤怒情绪。

　　**玩法变形：** 老师可以提前收集学生在日常生活中遇到的令人愤怒的情景，并在游戏中让学生对结果进行改写。

　　**分享方向：** 当我们感到愤怒或他人把愤怒情绪发泄在我们身上时，我们要先冷静下来，然后思考合适的应对措施。

我的教学感悟

# 183. 注入新能量

**活动形式**：词句填空　　**适用学段**：高中、职中　　**适用场地**：教室

**适用主题**：自我意识、心理危机干预

**游戏规则**：

（1）老师给每人发 1 张写有"缺点"句子的卡片，大家对卡片上的句子进行改写。例如，把"我学习不好，我觉得自己已经很努力了，但没有任何作用，我想放弃"改成"当我想放弃时，我告诉自己'我可以'"。

（2）老师先让学生自己思考，然后进行交流和分享。在大家分享的过程中，老师要及时给予反馈。

（3）总结。老师问大家"当你学会与自己的缺点对话时，你的感受是什么"，并根据大家的回答进行总结。

**解析**：这个游戏可以让学生学会从另一个角度看待自己的缺点。

**玩法变形**：老师可以提前准备一些鼓励的话语并向学生展示，大家从中选取一句鼓励的语句送给自己。

**分享方向**：我们可以尝试换一个角度看待自己的不完美。

我的教学感悟

# 角色扮演

角色扮演是指重现某件事情的来龙去脉和不同角色的内心活动。角色扮演可以应用的场景和主题包括社交技能训练、冲突解决、情绪释放、同理心培养、沟通与分享能力训练、生涯规划等。

根据表演方式的不同，角色扮演可以分为以下几种。

- 哑剧。当学生因害羞、紧张而无法进行角色扮演时，老师可以采用哑剧，让全体学生一起动起来，提高大家参与的积极性。

- 戏剧性扮演。老师可以为学生设置一些陌生的情境或角色，以培养其观察能力、同理心、沟通能力、问题解决能力或决策能力。

- 布偶剧。布偶剧是通过布偶替自己发声的一种角色扮演。

- 行为预演。行为预演常用于帮助学生习得新行为或新技巧。

- 空椅法。空椅法可以帮助学生了解自己对特定人物（包括自己）的情绪和想法。

- 校园心理情景剧（简称校园心理剧）。在表演校园心理剧的过程中，学生会深入情景，并努力将问题情景表演得真实、生动。

- 音乐创作。老师通过引导式幻想或冥想让学生进行自由形体表达，也可以以放空游走或人形雕塑的方式进行肢体上的创意表达。

## 184. 孕妇大考验

**活动形式：** 角色扮演　　　**适用学段：** 小学高年级　　　**适用场地：** 教室

**适用主题：** 亲子关系、生命教育、感恩教育、角色意识

**游戏规则：**

（1）老师准备充足数量的孕妇和普通人两种角色卡（孕妇角色卡至少占学生人数的一半）并让学生抽签，向学生展示孕妇日常生活的图片或漫画。

（2）老师给抽到孕妇角色的学生各发 1 个气球，让他们把充好气的气球绑在腹部，并且要在游戏过程中保护好气球，其他人按照正常状态进行游戏。

（3）总结。游戏结束后，老师邀请大家分享自己的感受并根据大家的回答进行总结。

解析：这个游戏可以让学生体验妈妈怀自己时有多辛苦，从而培养他们要有一颗感恩父母的心。

玩法变形：老师可以在游戏中增加一些角色，如残疾人、老人、儿童等，无论大家抽到什么角色，都应当融入其中。

分享方向：我们要尊重生命，为有需要的人提供帮助，对父母的养育心存感恩。

我的教学感悟

# 185. 情绪的影响

活动形式：角色扮演　　适用学段：高中、职中　　适用场地：团辅室
适用主题：情绪心理（情绪调节）

游戏规则：

（1）老师播放一段有关踢猫效应的视频，引发学生对消极情绪的讨论。

（2）老师将学生分成 6 人 1 组，各组根据踢猫效应写 1 个剧本，然后大家将剧本的情节和结局往积极的方向修改，并让小组成员进行演绎，最后大家评选出 1 个最佳剧本。

（3）总结。老师问大家"你认为原剧本最后的悲剧是由什么导致的""在生活中你是否能想到与之类似的事情""你喜欢修改后的剧本吗"，并根据大家的回答进行总结。

解析：这个游戏通过演绎的方式引导学生体验和思考情绪对我们的生活及其他人的影响。

玩法变形：老师根据原来的剧本选出几个人进行表演，其他人认真观看，当表演者因情节需要表现出消极情绪时，大家可以举手示意并说出是哪种消极情绪及如何处理。

分享方向：老师在分享时注意引导学生围绕主题展开讨论，不必在意学生演绎的效果。

我的教学感悟

# 186. 守护天使

**活动形式：**角色扮演　　**适用学段：**初中　　**适用场地：**教室

**适用主题：**备考或考试心理（考前焦虑）、环境适应、智力开发（观察力和注意力）、考后心理、角色意识、偶像崇拜

**游戏规则：**

（1）老师给每人发 1 张纸条并让大家在纸条上写下自己的名字，老师收回纸条并将所有纸条混在一起，接下来让每人随机抽取 1 张纸条，大家拿到纸条后只能自己看纸条上的人名并保管好，纸条上的名字就是大家需要守护一周的人。

（2）在接下来的一周里，大家以自己的方式守护纸条上的人，并且不能被对方发现。一周后，老师让大家公布自己守护的人。

（3）总结。老师让学生分享守护的过程和自己的感受，最后进行总结。

**解析：**这个游戏的时间跨度较长，老师可以把它作为教学开始前的导入游戏或结束后的延续游戏。

**玩法变形：**变换主题（如偶像崇拜），可以让每个人在纸条上加上自己喜欢的偶像，在接下来的一周，守护者需要用被守护对象喜欢的偶像的代表作品（如影视剧、歌曲等）对守护对象给予鼓励和支持。

**分享方向：**当我们帮助身边的同学时，就能提升班级的凝聚力。

---

我的教学感悟

---

# 187. 听与说

**活动形式：**角色扮演　　**适用学段：**高中、职中　　**适用场地：**团辅室

**适用主题：**生涯规划、人际关系、学习心理、心理委员、自律自控（专注力和自制力）、角色意识

**游戏规则：**

（1）老师将学生分成 6 人 1 组，每人抽取 1 个老师提前准备的故事人物（故事如下），并以抽到的人物进行角色扮演。

一架飞机坠毁在一座荒岛上，只有 6 个人幸存了下来。此时，逃生工具只剩下 1 个救生艇，救生艇只能容纳 1 个人，并且没有饮用水和食物。6 个人需要讨论谁先乘救生艇离开荒岛，大家轮流说出自己的理由，并且先重复前一个人的理由再说出自己的理由。最后，6 个人投票决定谁先离开。这 6 个人的角色分别是孕妇、工程师、医生、宇航员、生态学家、流浪汉。

（2）总结。老师问大家"为什么你选择让 ××× 先离岛""你对自己表述的理由满意吗"，并根据大家的回答进行总结。

**解析：** 在这个游戏中，老师也可以让大家自主选择角色。

**玩法变形：** 变换游戏规则，如有 5 个救生艇且每个救生艇仅能容纳 1 个人，让大家选择哪 5 个人先离开。

**分享方向：** 当面临生死难题时，道德是用来约束别人的，还是用来约束自己的，对此不同的人有不同的答案；当大家都在争相表达自己的观点时，做一个倾听者也很重要。

> 我的教学感悟

# 188. 交换人生

**活动形式：** 角色扮演　　**适用学段：** 初中　　**适用场地：** 教室

**适用主题：** 环境适应、生命教育、心理委员、感恩教育、积极心理、应激反应、挫折教育

**游戏规则：**

（1）老师提前准备数量充足的不同"命运卡"（如下所示），并让大家每人抽取 1 张，然后告诉学生每个人的生活就如"命运卡"上描述的那样。

①你患上了癌症，家里经济条件不好，没有钱治疗。

②你的脸因为一场火灾被烧伤了，并且留下一道难看的伤疤。

③你家的经济条件很好，但是你觉得父母不喜欢你，经常忽略你。

④你出生在一个偏远且贫穷的山区，父母没有能力供你读书。

⑤你的家庭经济状况变得很紧张，因为家人身患重病且花销很大。

⑥你的父母都失业了，家庭经济状况变得很拮据。

⑦你不受同学们的欢迎，和他们没有共同话语。

⑧你患有小儿麻痹症。

⑨你的耳朵因为患中耳炎治疗不及时听不见了。

⑩你们一家三口蜗居在一间老旧的房子里。

⑪你的一只眼睛因意外事故失明了。

⑫在一次严重的交通事故中，你失去了一条腿。

⑬你在一所很差的学校就读。

⑭你相貌平平，学习成绩一般。

⑮你虽然学习成绩好，但同学们都不喜欢你。

⑯你的妈妈对你要求十分严格，你因此感觉很压抑。

⑰你家之前很富裕，但因一次意外事故现在变得很拮据。

⑱你出生在一个普通的工人家庭。

⑲你因为成绩差被一些同学看不起。

⑳你因口吃经常被同学嘲笑。

㉑你长得很壮硕，所以同学经常给你起一些很难听的外号。

㉒你的个头在全班是最矮的。

㉓你学习很努力，可每次考试都倒数。

㉔除了学习，你没有其他兴趣和爱好。

㉕你的眼睛是单眼皮，因此你觉得自己很丑。

㉖你经常感到很累，因为你患有先天性心脏病。

㉗你在全市的作文比赛中获得一等奖。

㉘你被评为十佳"校园明星"。

㉙你的家人在一次旅行中遇难。

㉚你经常被别人欺负。

（2）大家都有了"新"的人生，老师询问大家对新的人生是否满意。

（3）总结。老师问大家"每个人的生命只有一次，我们该怎样面对自己的人生"，并根据大家的回答进行总结。

**解析**：老师应尽量避免"命运卡"上的描述与学生的经历相似，以免有人对号入座。

**玩法变形**：大家抽到"命运卡"后，可以向他人讲述自己的新旧人生。

**分享方向**：每个人都有不如意的时候，就像抽到1张不好的牌，关键在于如何将这张牌打出去。

---

我的教学感悟

---

# 189. 欢乐动物园

**活动形式**：角色扮演　　**适用学段**：初中　　**适用场地**：团辅室

**适用主题**：情绪心理（情绪调节）、环境适应、压力应对、心理委员、自信心理、积极心理、挫折教育、心理健康、趣味心理

**游戏规则**：

（1）老师让大家根据自己姓的拼音首字母找到对应的动物，如A～F是猫、G～L是羊、M～R是牛、S～Z是青蛙。

（2）大家随意行走，老师喊停后每个人就近找1个人（最好是自己不太熟悉的人），2人目不转睛地盯着对方，同时要模仿与自己的姓拼音首字母对应的动物的叫声，持续10秒；然后大家继续随意行走，重复多轮。

（3）总结。老师问大家"当你或他人模仿动物叫时，你有什么感觉"，并根据大家的回答进行总结。

**解析**：这个游戏需要大家一起做，如果学生不知道某种动物的叫声，老师可以找一些音频让学生模仿或让他们自由发挥。

**玩法变形：**你可以自由发挥自己的创意。

**分享方向：**每个人都有过失败的经历并可能因此情绪低落，当我们试着给自己的行为赋予新的意义时，或许就会有不一样的结果。

---

我的教学感悟

---

# 190. 职业小剧场

**活动形式：**角色扮演　　**适用学段：**高中、职中　　**适用场地：**团辅室

**适用主题：**生涯规划、亲子关系、网络成瘾、创造性思维（创造力）、校园欺凌

**游戏规则：**

（1）老师提前准备若干张职业卡片，每种职业约 5 张，学生每人抽取 1 张卡片，抽到同一种职业的学生为 1 组。

（2）各组学生展开讨论并列出该职业一天的工作内容，其中需包含一个解决问题的场景。例如，针对消防员的一天，可以是早上进行体能训练、上午 10 点援救被困在家中的小孩、下午 3 点某工厂失火救援……

（3）总结。老师问大家"你对自己抽到的职业是否了解""你知道从事该职业需要具备哪些技能吗""你知道自己的长处是什么吗"，并根据大家的回答进行总结。

**解析：**这个游戏通过让大家讨论剧本并进行演绎的方式，增加他们对各种职业的了解。

**玩法变形：**老师可以根据主题变换卡片上的内容。

**分享方向：**不同的职业对人们的能力要求不一样，未来在选择所学专业或职业时，我们可以先分析自己的优势和劣势，然后再进行选择。

---

我的教学感悟

---

# 191. 你觉得公平吗

**活动形式：** 角色扮演　　　**适用学段：** 小学低年级　　　**适用场地：** 教室

**适用主题：** 学习心理（学习态度）、环境适应、心理委员、网络成瘾、价值观、校园欺凌

**游戏规则：**

（1）老师将学生分为6组，每组选出6人对下面的故事进行角色扮演。

某天，一只小母鸡在农场的谷堆里扒出了几粒麦子，于是它就喊："谁来帮我一起种麦子？如果我们把这些麦子种下，就有面包吃了。"

牛说："我不种。"

鸭说："我不种。"

猪说："我不种。"

鹅说："我也不种。"

"那我自己种吧。"小母鸡说，于是它种下了麦子。

到了收麦子的季节，小母鸡又问："谁来帮我收麦子？"

鸭说："我不收。"

猪说："这不是我们应该做的事。"

牛说："那会消耗我的体力。"

鹅说："不帮你虽然会饿一点，但也不至于饿死。"

"那我自己做。"小母鸡说，于是它自己收了麦子。

麦子被磨成了面粉，可以用面粉烤面包了，小母鸡又问："谁帮我烤面包？"

牛说："那得给我工资。"

鸭说："有其他好处吗？"

鹅说："如果让我一个人帮忙，那太不公平了。"

猪说："我太忙了，没时间。"

"那我自己做吧。"小母鸡说。

终于，小母鸡做好了5个面包。当它把面包拿出来的时候，大家都想吃。它们认为，小母鸡能种出麦子是因为在谷堆里找到了种子，而谷堆是大家的，因此面包归大家所有。但是小母鸡很坚决地说："不行，这是我自己种的，你们都没有参与，我不能给你们。"

牛叫道："损公肥私！"

鸭说："简直像资本家一样。"

鹅说："我要求平等。"

猪说："这一点也不公平"。

其他动物忙着向农场主告状，希望农场主为自己讨回一个公道。

农场主到了，对小母鸡说："你这样做很不公平，你太贪婪了。"

小母鸡说："这是我的劳动所得。"

（2）总结。角色扮演结束后，大家分组进行讨论，最后老师进行总结。

**解析：**这个游戏通过角色扮演的形式让学生思考什么是公平。

**玩法变形：**老师可以让大家对这个故事进行续写，即改变故事的结局，学生可以自己改写，也可以分组讨论。

**分享方向：**生活中没有绝对的公平，也没有绝对的不公平；有时，我们可以通过自己的努力改变某些不公平的现象。

---

**我的教学感悟**

---

# 192. 生命之树

**活动形式：**角色扮演　　**适用学段：**小学高年级　　**适用场地：**教室

**适用主题：**哀伤辅导

**游戏规则：**

（1）老师将学生分成 6 ~ 8 人 1 组，给各组发 1 个信封，里面装有 1 个树叶拼图，这些树叶拼图分为绿色（代表"有生命"）和白色（代表"死亡"）两种颜色（拼图的数量根据小组人数来定）。

（2）游戏开始后，各组成员从各自的信封里随机抽取 1 块拼图。如果有同学抽到白色拼图，则需要离开小组，并带着拼图站在讲台上，闭上眼睛背对着大家且不能说话。

（3）每组需以最快的速度拼好树叶拼图，并将其贴在黑板上。在拼图的过程中，有些组要想完成拼图需要抽到白色树叶的同学的帮忙，他们要想办法获得白色树叶，但是不能离开自己的座位。

（4）总结。老师问大家"你们是如何让抽到白色树叶的同学帮忙的"，并根据大家的回答进行总结。

**解析：**老师应提前准备好树叶拼图，并注意拼图数量与班级人数相同。

**玩法变形：**你可以自由发挥自己的创意。

**分享方向：**抽到白色拼图的组员离开了，这意味着我们不能再与其互动和交流了，但他们依然是完整拼图中不可或缺的一部分。

我的教学感悟

## 193. 冲突小剧场

**活动形式：**角色扮演、故事创作　　**适用学段：**小学高年级　　**适用场地：**教室

**适用主题：**亲子关系

**游戏规则：**

（1）老师将学生分成4组，并让第一组中的2人分别扮演爸爸和妈妈，请第二组中的1人扮演小明、1人进行旁白，大家根据情景1进行演绎，其他人在一旁观看。

情景1：（表演完后大家待在原地）

小明放学回到家，他还没放下书包，爸爸和妈妈就迎了上来。爸爸一边拿拖鞋，一边跟小明说："你回来了，今天你在学校表现怎么样？"

小明说："嗯……"

妈妈说："来来，先喝点水，外面天气热，你饿不饿啊？"

小明不耐烦地回道："不饿。"

爸爸说："你是因为什么事不高兴吗？可以说出来让我们听听。"

小明说："没什么。"

妈妈："你是哪里不舒服吗？跟妈妈讲讲！"

小明："没有！"

爸爸有点生气了，对小明说："你对爸爸和妈妈怎么这种态度？我们这么辛苦工作，供你读书，还要受你的气吗？"

小明一边使劲地踢桌子，一边说道："你们一天到晚烦不烦，我已经回答你们了，整天问这问那，不烦吗？"

接着，小明使劲将书包甩到地板上，气鼓鼓地回到自己的房间。

妈妈看到小明这样，怒气也上来了，跟着小明来到他的房间。

（2）家庭矛盾在情景 1 的基础上升级，第一组学生和第二组学生对接下来的剧情进行补充并进行演绎。

情境 2

_____

_____

_____

写完后，第一组学生和第二组学生继续根据情境 2 进行演绎，其他学生在一旁观看。

（3）当我们的情绪很激动时，可能并没有将内心想要说的话表达出来，接下来，请第三组和第四组学生分别代替第一组和第二组学生说出他们的心里话，大家想帮谁说心里话，就蹲在谁的旁边小声表述。

（4）总结。老师问大家"如果你是小明，你觉得可以怎样避免冲突和化解冲突""对于以上家庭冲突，你认为还有其他更好的解决方法吗"，并根据大家的回答进行总结。

**解析：**这个游戏重现学生与父母之间的常见冲突，采用角色扮演的形式让学生对家庭矛盾有更全面的认识，学会换位思考。

**玩法变形：**如果学生不愿意表演，老师可以让大家把内心的想法和感受写下来。

**分享方向：**在与父母沟通时，我们要尽可能地表明自己的真实想法和感受。

我的教学感悟

# 194. 怎么安慰你

**活动形式**：角色扮演、行为训练　　**适用学段**：初中　　**适用场地**：教室

**适用主题**：抑郁知识科普

**游戏规则**：

（1）老师将学生分成 2 人 1 组，其中 1 人扮演抑郁者，另 1 人扮演其好朋友。抑郁者从老师处抽取 1 张写有情绪低落语句（如下所示）的纸条并向好朋友倾诉，好朋友按照自己的想法和经验安慰对方。之后，2 人互换角色进行体验。

- 我觉得我都快抑郁了。

- 我什么也不想干，对什么都不感兴趣。

- 我每天就想躺在床上。

- 我每天都感觉很累，浑身没有力气。

- 我可能需要去看看心理医生。

- 我压力很大，内心很挣扎，不知道该怎么办。

- 有时候我真的觉得活着没意思。

（2）总结。老师问大家"你是否遇到过与游戏中类似的对话""我们应该怎样安慰情绪低落的朋友"，并根据大家的回答进行总结。

**解析**：这个游戏可以让大家关注身边的人，如果有人情绪低落，我们可以及时做出适当的回应。

**玩法变形**：老师为每组展示一句与情绪低落有关的话（如"我觉得我抑郁了"），并让各组讨论对方可能发生了什么事情、他不想听到哪些话、他期望得到什么样的回应。

**分享方向**：当遇到不开心的事情时，我们都希望他人能理解我们，因此当他人诉说自己的烦恼时，我们应该给予适当的安慰和关心。

我的教学感悟

# 正念冥想

正念冥想与想象、引导式幻想类似，但正念冥想特别强调将注意力集中在当下和不做评判地看待脑海中的一切想法。正念冥想包括静坐冥想、散步冥想、写作冥想等。

在心理课或心理辅导活动中，正念冥想主要用于情绪释放、考试辅导和专注力训练等。例如，老师引导学生用冥想的方式回忆过往、体会当下的感受或者展望未来。在带领学生进行正念冥想时，老师需要注意以下几点。

- 从未体验过冥想的学生可能会有些不习惯，老师应提前调整学生的状态和周围的氛围。
- 老师自身的状态和情绪要调整好，这样才能在引导学生时把握好节奏。
- 老师可以选一些自带引导语的背景音乐，注意音乐的选择和希望营造的氛围。
- 当学生在冥想过程中唤起了过往的创伤性体验和情绪时，老师应在课后单独找学生沟通。

## 195. 专注呼吸

**活动形式：**正念冥想　　**适用学段：**普遍适用　　**适用场地：**教室

**适用主题：**智力开发（注意力）、自律自控（专注力）、开学或复学、疫情心理、正念

**游戏规则：**

（1）老师让学生闭上眼睛，当老师说"开始"后大家开始默数自己的呼吸，计时 1 分钟。计时结束后，老师让大家慢慢地睁开眼睛。

（2）总结。老师问大家"在数自己的呼吸的过程中，你是否有遗漏或重复的情况""如果

有，当时是被什么事情干扰了"，并根据学生的回答进行总结。

**解析：**专注于呼吸的冥想可以让个体觉察自身的状态，如果我们在数呼吸的时候被其他事情打断了，说明这件事对于我们的影响很大。

**玩法变形：**老师可以让学生在数呼吸时发出声音，让他们体验自己专注于数呼吸的时候是否会受到外界的干扰。

**分享方向：**老师可以让学生把干扰事件、情绪、声音表达出来，通过数呼吸练习，可以让学生更加关注当下。

---

我的教学感悟

---

# 196. 正念之铃

**活动形式：**正念冥想　　　**适用学段：**普遍适用　　　**适用场地：**教室

**适用主题：**压力应对、智力开发（注意力）、自律自控（专注力）、开学或复学、疫情心理、正念

**游戏规则：**

（1）老师提前准备 1 个风铃，并引导学生跟随风铃的声音进行呼吸练习。当风铃第一次响的时候，做一次深长的呼吸；当风铃第二次响的时候，做一次平和的呼吸，之后老师随机摇动风铃。

（2）总结。老师问大家"当听到风铃声的时候，你有什么感觉""你觉得风铃声适用于什么场景"，并根据大家的回答进行总结。

**解析：**当风铃声响起时，大家会跟着声音回到当下，关注当下周围的一切和自己内心的感受。

**玩法变形：**这个游戏可以作为课堂的导入活动，也可以作为课堂结束阶段的结束仪式。

**分享方向：**这个游戏不适合进行太多的分享，老师可以让大家尽情享受放松的感觉。

我的教学感悟

## 197. 正念饮食

**活动形式**：正念冥想　　**适用学段**：普遍适用　　**适用场地**：教室

**适用主题**：智力开发（注意力）、自律自控（专注力）、开学或复学、疫情心理、正念

**游戏规则**：

（1）老师提前准备一些葡萄干并给每人发 2 颗葡萄干。老师让学生拿起 1 颗葡萄干放在嘴里，等大家吃完后问："你们刚刚吃下了什么？你的感受是什么？"学生自由回答。

（2）老师让学生将另 1 颗葡萄干拿在手里，认真观察它的形状、颜色等，用鼻子闻一闻它的味道，然后将其放进嘴里并认真地品味它的味道。等大家吃完后，老师提问："你们刚刚吃下了什么？你的感受是什么？"学生自由回答。

（3）总结。老师根据学生的两次回答进行总结。

**解析**：正念饮食练习可以帮助我们梳理自己的情绪，觉察身体的细微变化。

**玩法变形**：老师给每人发 1 张任务纸（内容包括日期、时间、食物、食物描述、心情），并让学生在接下来的一周每天选择其中一餐进行记录，以体验和养成正念饮食的习惯。

**分享方向**：正念饮食要求我们调动所有感官去感受吃下去的每一口食物，即使是 1 颗小小的葡萄干。

我的教学感悟

# 198. 融化压力冰块

**活动形式：** 正念冥想　　　**适用学段：** 普遍适用　　　**适用场地：** 教室

**适用主题：** 压力应对、疫情心理、正念、心理危机干预

**游戏规则：**

（1）老师通过下述引导语让学生放松下来。

想象你心中的压力就像一块冰块，这块冰块压得你喘不过气来……现在，有一束光照过来，你心中的压力随着冰块的融化慢慢地消失了。

（2）总结。老师问大家"当胸口的冰块融化后，你是否感觉身心轻盈了许多""你觉得这个方法还适用于哪些场合"，并根据大家的回答进行总结。

**解析：** 这个正念冥想游戏较少受客观条件的影响。

**玩法变形：** 你可以自由发挥自己的创意。

**分享方向：** 这个游戏可以让学生觉察和调节自己的状态，老师可以分享一些应对压力的方法。

> 我的教学感悟

# 199. 体验放松

**活动形式：** 正念冥想　　　**适用学段：** 普遍适用　　　**适用场地：** 团辅室

**适用主题：** 情绪心理（情绪调节）、备考或考试心理（考试焦虑）、积极心理、正念

**游戏规则：**

（1）所有人围成1个圆圈站立，并向两边伸出双手，左手手心向下，右手食指向上并与右侧同学的手心相接，然后老师随机喊出数字，当听到数字中有"3"时，大家用左手抓住左侧同学的右手食指，同时避免右手食指被右侧同学抓到，可持续进行5～6轮。

（2）老师通过下述引导语让学生体验躯体紧张的感觉。

大家先把右手伸出来并握成拳头，使右前臂处于紧绷的状态，接着伸出左手并握成拳头，使左前臂处于紧绷的状态，双臂同时伸直，让手臂进入紧绷的状态。请大家皱起前额、鼻子和脸颊，嘴角用力向两边裂开，咬紧牙关，鼓起腮帮。耸肩，使肩部肌肉紧绷起来；挺胸，使胸部肌肉紧绷起来；拱背，使背部肌肉紧绷起来；屏息，使腹部肌肉紧绷起来。伸出右脚，并用力向前蹬，就像前面有一堵墙，使右腿和右脚处于紧绷状态；伸出左脚，并用力向前蹬，就像前面有一堵墙，使左腿和左脚处于紧绷状态。

（3）老师播放舒缓的音乐，并让学生跟随下面的引导语进行放松。

你仰卧在沙滩上，沙子细小且柔软，你感到很舒服、很温暖。耳边传来海浪的声音，微风迎面吹来，仿佛把海水都一起带过来了。海浪退去，它带走了你的思绪，现在只剩下一片金黄色的沙滩，以及不断拍打海岸的海浪。你的思绪跟着海浪涌上来又退下去。海风来了又去，你感受到温暖的阳光、细软的沙子、轻缓的海风，太阳照着你的身体，你感觉暖洋洋的。有一股暖流流到了你的右肩，你的右肩变得沉重而温暖，你的呼吸开始变慢。暖流又流到了你的左肩，你的左肩沉重而温暖，你的呼吸开始变慢。暖流又回到了你的右肩，它从右肩流到后背，你的后背变得沉重而温暖，暖流又从后背流到脖子，你的脖子变得沉重而温暖。

你的呼吸开始变慢，心跳也开始放慢。这股让你轻松的暖流流向你的双腿，你的双腿感到沉重而温暖，你的呼吸开始变慢，并且变得深沉。暖流开始从双腿流向双脚，你的双脚变得深沉而温暖，你的呼吸开始变慢，并且变得深沉。这股暖流又流回到双腿。

你的呼吸开始变慢，并且每一次呼吸都越来越深，越来越放松。随着你吸气，这股暖流流进了腹部，让你感到无比的轻松和温暖；接着，它来到了胃部，你的胃部感到轻松而温暖；最后，它来到心脏，你的心脏感到轻松而温暖。现在，你的整个身体都变得无比平静，内心也很安静，现在，只有你安静地躺在这片沙滩上，感到十分自在。（大家静默几分钟后，即可结束）

**解析：** 在这个游戏中，先让学生体验心理的紧张感，再让他们体验躯体的紧张感，最后进行正念冥想放松。

**玩法变形：** 你可以自由发挥自己的创意。

**分享方向：** 让学生学会自己放松身心很重要，这个正念冥想活动可以让学生的身心处于最佳状态。

我的教学感悟

# 200. 10分钟冥想

**活动形式：**正念冥想　　　**适用学段：**普遍适用　　　**适用场地：**教室

**适用主题：**自律自控（专注力）、应激反应、开学或复学、疫情心理、正念

**游戏规则：**

（1）老师播放一段舒缓的流水声，让学生跟随下面的引导语进行冥想。

请大家闭上双眼，请你想象现在浮现在你脑海中的情绪，把这些情绪放在一片叶子上，这片叶子随着水流慢慢地流走了……（约2分钟）

（2）总结。老师问大家"在刚才的冥想中，你把哪些情绪放在了叶子上""现在你的感受如何"，并根据大家的回答进行总结。

**解析：**老师可以拉上教室里的窗帘，以便学生更快地进入状态。

**玩法变形：**老师可以加入新的引导语，如"承载着情绪的叶子随着水流流走了，叶子上的污迹被流水冲掉了，它变得干净、轻盈"。

**分享方向：**长期进行冥想练习可以让我们站在旁观者的角度看待自己，让消极的情绪和压力与自己分离。

我的教学感悟

# 201. 深呼吸

**活动形式**：正念冥想　　**适用学段**：普遍适用　　**适用场地**：教室

**适用主题**：疫情心理、正念、心理危机干预

**游戏规则**：

（1）老师引导学生进行深呼吸练习，将下面的引导语重复 5 次。

通过鼻子或嘴巴慢慢地吸气，让肺部充满气体，温柔地在内心告诉自己"我的内心很平静"。通过鼻子或嘴巴慢慢地呼气，呼出肺部的气体，温柔地在内心告诉自己"我释放了内心的压力"。

（2）总结。老师让大家说出自己的感受并进行总结。

**解析**：在面对压力时，这个练习可以让大家获得内心的平静。

**玩法变形**：你可以自由发挥自己的创意。

**分享方向**：在成长过程中，我们会面临各种挑战，这些挑战会给我们的内心带来一定的压力，但通过简单的深呼吸就能缓解这些压力。

---

我的教学感悟

---

# 202. 用心感受食物

**活动形式**：正念冥想　　**适用学段**：初中　　**适用场地**：教室

**适用主题**：学习心理（学习方法）、正念

**游戏规则**：

（1）老师将学生分成约 10 人 1 组，每组选出 1 人作为组长。游戏开始后，老师让其他学生闭上眼睛并播放音乐。

（2）老师拿出提前准备好的圣女果、糖及其他食物，由组长发给小组成员。

（3）大家通过嗅觉和触觉感知食物并说出食物的名称，由组长确认，回答正确者就可以

睁开眼睛。

（4）总结。老师问大家"你是怎样猜出自己分到的食物的"，并根据大家的回答进行总结。

**解析：**这个游戏需要老师提前准备一些食物，最好外形和大小相似。

**玩法变形：**老师从每组中选出 2～3 人作为干扰者，老师让学生蒙上眼睛（干扰者除外），并告知给每个人发的食物都是一样的（如圣女果），让学生说出食物的名字，干扰者在一旁进行干扰。

**分享方向：**当我们闭着眼睛时会感觉很放松，在放松的状态下我们更能专注于目标事物。

我的教学感悟

# 203. 呼吸训练

**活动形式：**正念冥想　　**适用学段：**普遍适用　　**适用场地：**教室

**适用主题：**疫情心理、正念、心理危机干预

**游戏规则：**

（1）老师通过下面的引导语引导学生进行冥想。

请你想象一种你最喜欢的颜色，一边吸气一边想着自己最喜欢的颜色，以及与这个颜色相关的美好事物。接下来，通过鼻子和嘴巴呼气，一边呼气一边想象呼出灰色和不安的感觉，慢慢地将空气呼出。慢慢地吸气，想着你最喜欢的颜色，以及与这个颜色相关的美好事物；慢慢地呼气，想象呼出灰色和不安的感觉。（做 8～10 次）

（2）总结。老师问大家"你感觉如何，你的脑海中想到了什么"，并根据大家的回答进行总结。

**解析：**这个游戏适合在团体放松或个体辅导中使用。

**玩法变形：**你可以自由发挥自己的创意。

**分享方向：**为呼吸训练加上幻想美好的事物，可以帮助学生纾解消极的情绪，从而更好

地专注于当下。

我的教学感悟

## 204. 10 分钟扫描

**活动形式：**正念冥想　　**适用学段：**初中　　**适用场地：**教室

**适用主题：**疫情心理、正念、心理危机干预、心理健康

**游戏规则：**

（1）老师通过下面的引导语引导学生进行冥想。

现在，请你选择一个舒服的姿势坐好并闭上眼睛，慢慢地让身体安静下来；将注意力放在双脚上，感受双脚的感觉；再慢慢地将注意力移到小腿和膝盖，用开放和不评判的态度接纳自己的全部感觉；逐渐将注意力转移到身体的各个部位，细心留意自己的感觉；最后把注意力移到外部，慢慢地睁开双眼。

（2）总结。老师让学生分享冥想后的感受并进行总结。

**解析：**这个游戏需要在安静的环境中进行，老师在说引导语时可播放一段舒缓的背景音乐。

**玩法变形：**你可以自由发挥自己的创意。

**分享方向：**此类正念冥想活动的主要目的是引导学生感受放松的状态，老师不必进行过多的分享。

我的教学感悟

# 205. 放松心灵

**活动形式：** 正念冥想　　　**适用学段：** 初中　　**适用场地：** 教室

**适用主题：** 应激反应、心理健康、正念

**游戏规则：**

（1）老师通过下面的引导语引导学生进行冥想。

请你以舒服的姿势坐好，轻轻地闭上双眼，深呼吸，身体慢慢地放松。现在，想象你正在一个美丽的湖边躺着，微风轻轻地抚摸着你的脸庞和身体。你的身体正在吸收大自然的能量，你感到无比的放松。你的呼吸变得深沉，吸气时就像在吸收阳光的温暖；呼气时，你的身体慢慢地变得轻盈，你感到所有的疲劳和紧张感都在慢慢地消失。现在你的整个身体和内心就像周围的环境一样安静。现在，请允许自己在那里静静地待着……（10 ~ 20秒）现在冥想结束了，请你慢慢地睁开眼睛。

（2）总结。老师问大家"与冥想之前相比，你现在的状态如何"，并根据大家的回答进行总结。

**解析：** 老师可以在大家冥想时播放一段舒缓的音乐。

**玩法变形：** 你可以自由发挥自己的创意。

**分享方向：** 这个游戏可以缓解学生内心的焦虑和紧张，课后学生可以自己进行这个冥想放松活动。

我的教学感悟

# 问题辩论

问题辩论是学生根据自己的生活经验和所学的知识，对老师提供的某个议题展开辩论，这种方式比较适合高年级的学生。问题辩论一般分为固定辩论和开放辩论。

- 固定辩论指立场具体、观点固定的辩论，一般是将立场或观点不同的学生分成 2 组，然后确定双方的立场或观点并展开辩论。
- 开放辩论，即每个人选择自己支持的观点并与他人进行辩论。

## 206. 最佳小辩手

**活动形式**：问题辩论　　**适用学段**：初中　　**适用场地**：教室

**适用主题**：角色意识、偶像崇拜

**游戏规则**：

（1）老师将学生分为 6 ~ 8 人 1 组，各组以"偶像崇拜是利大于弊，还是弊大于利"为主题进行辩论。各组成员抽签决定自己的论点，抽到"正方"的学生持有的观点是"偶像崇拜利大于弊"，抽到"反方"的学生持有的观点是"偶像崇拜弊大于利"。

（2）老师给辩论双方 5 分钟的准备时间，最后每组评出 1 名最佳小辩手。

（3）总结。老师问大家"你是否抽到与自己的观点相反的论点，对此你是怎样论述自己的论点的"，并根据大家的回答进行总结。

**解析**：辩论活动旨在让学生表明自己的立场或观点，老师可以根据具体情况和主题调整论点。

**玩法变形**：老师可以让学生自由选择或变换辩论立场。

**分享方向**：辩论结束后，大家的立场是否发生了改变？老师根据大家的表现进行分享。

我的教学感悟

# 207. 网络利与弊

**活动形式：** 问题辩论　　**适用学段：** 初中　　**适用场地：** 教室

**适用主题：** 网络成瘾

**游戏规则：**

（1）老师将学生分成约 8 人 1 组并给每组发一份问卷，组内成员讨论问卷上的问题（如下所示），并选出 1 人进行记录。

- 写出你必须上网的 10 个理由。

- 如果你的生活中没有网络，将会出现什么问题？

- 别人反对你上网的理由有哪些？

- 你觉得网络有哪些不好的影响？

- 你认为上网是利大于弊，还是弊大于利？

（2）老师将各组讨论的结果贴在黑板上，大家自由观看和讨论 5 分钟。老师根据每组的讨论结果（利和弊）将学生重新分成 2 组，针对"上网是利大于弊，还是弊大于利"展开辩论。最后大家评出 2 名最佳辩手（正方和反方各 1 名）。

（3）总结。老师问大家"是否有人改变了自己的观点及为什么"，并根据大家的讨论和分享进行总结。

**解析：** 在辩论的时候，老师应提醒大家尊重他人的想法和观点，不能进行人身攻击。

**玩法变形：** 让学生互换立场进行辩论。

**分享方向：** 凡事都有两面性，我们要辩证地看待每一件事。

---

我的教学感悟

# 故事创作

故事创作主要分为以下几种。

- 文本叙述与共读。老师可以自己朗读或让学生朗读提前准备的故事。

- 故事角色扮演。学生根据老师提供的故事进行角色扮演，借此表达内心的真实想法。

- 故事接龙。故事接龙有两种形式：一是老师提供一个主题，各组成员以接龙的方式每人编一段，最后形成一个故事；二是老师让学生随机抽取或自选故事图片，并根据图片创作一个故事。

- 故事改写。故事改写包括两种形式：一是续编，即学生对故事的结局进行再创作；二是补全，指老师给出一个不完整的故事，让学生根据自己的理解补全故事。

- 图画再创作。图画再创作是老师以图画的形式引导学生改写故事，这种形式适合低学段的学生，有看图填空和看图说故事两种形式。

## 208. 行与不行

**活动形式：**故事创作　　**适用学段：**小学低年级　　**适用场地：**教室

**适用主题：**自我意识（自我暗示）、学习心理（学习态度）、备考或考试心理（自我效能）、环境适应、自信心理、人格特质、挫折教育、趣味心理

**游戏规则：**

（1）老师通过幻灯片展示故事《"我能行"与"我不行"》（如下所示），并选出 2 人朗读这个故事。

### "我能行"与"我不行"

我能行：大家好，我的名字叫"我能行"。

我不行：大家好，我的名字叫"我不行"。

我能行：我觉得自己很能干，比如我在朗读课文的时候，经常得到大家的赞扬；我还会照顾自己的弟弟；我的兴趣十分广泛，喜欢游泳、爬山等。

我不行：我什么都做不好，比如我帮忙洗碗的时候，会把碗打碎；写作业的时候总是

把题做错；虽然我唱歌很好，但一上台就很紧张，别说唱了，连歌词都忘了……我做什么都不行。

我能行：有时我也会遇到难题，但我会想我一定可以的，只要我用心肯定能做好。

我不行：有时我也会得到大家的赞扬，但那又有什么呢？比我优秀的人有很多。

（2）总结。老师问大家"在现实生活中，你是'我能行'还是'我不行'"，并根据大家的回答进行总结。

解析：老师可以做2个卡通头像，一个头像愁眉苦脸且上面写着"我不行"，另一个头像充满自信且上面写着"我能行"。

玩法变形：老师可以让学生分组对故事进行演绎，从而增加游戏的趣味性。

分享方向："行"与"不行"往往就在一念之间，在面对困难的时候，我们可以先试着告诉自己"我能行，我能做好"，可能就会取得不一样的结果。

我的教学感悟

# 209. 看图竞猜

活动形式：故事创作　　适用学段：小学高年级　　适用场地：教室

适用主题：生涯规划、智力开发（思维）、创造性思维

游戏规则：

（1）老师提前准备不同职业的工作环境图片，学生轮流抽取图片并说出与所抽图片中工作环境对应的职业名称。

（2）总结。老师问大家"你对哪种职业更感兴趣""你对哪种职业不是很了解"，并根据大家的回答进行总结。

解析：这个游戏主要让学生对各种职业有更多的了解。

玩法变形：变换主题（如价值观），老师可以准备不同的场景图片，并让学生判断图片中人物的行为是否正确。

**分享方向**：老师可以分享一些名人儿时的梦想，并引导学生了解生涯规划。

我的教学感悟

## 210. 心灵魔法

**活动形式**：故事创作    **适用学段**：普遍适用    **适用场地**：教室

**适用主题**：挫折教育、心理危机干预

**游戏规则**：

（1）老师先展示一个示例：时间是 2021 年，地点是学校，主人公的英语成绩下降了，令他印象最深刻的是与英语老师的谈话，让他明白了要及时分析失误的原因并改正。故事的名字叫作"对症下药"。

（2）老师将学生分成 6 人 1 组并为每组发 1 个塑料瓶，大家根据老师提供的示例及模板创作自己的"挫折小故事"，限时 10 分钟。10 分钟后，各组将应对挫折的方法汇总在纸上，并将纸贴在塑料瓶上。

（3）各组为自己的塑料瓶起一个名字，如"复原力魔法瓶"，并讨论其"成分"及宣传语。

（4）总结。老师问大家"这个魔法瓶对你克服困难有帮助吗""当再次遇到挫折、困难的时候，你会有不一样的想法吗"，并根据大家的回答进行总结。

**解析**：老师可以通过这个游戏让学生重新审视挫折对自己的影响。

**玩法变形**：老师可以根据不同的主题让学生创作不同的故事，如通过"我与网络的小故事"引出网络成瘾主题。

**分享方向**：当遇到困难和挫折的时候，我们可能会产生消极情绪，此时最重要的是正视困难和挫折并想办法解决问题。

我的教学感悟

# 行为训练

行为训练指老师通过行为示范、指导、练习和反馈等，帮助学生习得新行为和新技能。常见的行为训练有放松训练、社交技能训练、意志力提升、抗挫折能力训练等。

## 211. 有趣的沟通

**活动形式**：行为训练　　**适用学段**：初中　　**适用场地**：团辅室

**适用主题**：亲子关系、人际关系、心理委员、角色意识

**游戏规则**：

（1）老师将学生分成 3 人（A、B、C）1 组，其中 A、B 背对背坐下，C 在一旁观察。

（2）A 用老师提前准备好的积木搭一件东西，B 不能看，等 A 完成后，给 B 同样的材料，A 描述自己的作品，B 根据 A 的描述搭建作品，C 在一旁观察，之后 3 人互换角色。

（3）总结。老师问大家"在表述自己搭建的作品时，你觉得困难还是容易""对方能马上理解你的意思吗""你在理解对方的信息时觉得困难还是容易"，并根据大家的回答进行总结。

**解析**：这个游戏可以训练大家在人际交往中的表达和理解能力。

**玩法变形**：老师可以通过控制积木的数量和形状等调整游戏的难度，以使其适用不同的学段。

**分享方向**：老师可以向学生分享一些沟通的技巧。

我的教学感悟

## 212. 巧妙拒绝

**活动形式**：行为训练　　**适用学段**：小学高年级　　**适用场地**：教室

**适用主题**：人际关系、心理委员、积极心理

**游戏规则**：

（1）老师将学生分成 2 人（A、B）1 组，A 提出一个建议，如"星期六我们一起去打游戏吧"，B 用"好吧，但是……"的句式回答，如"好吧，但是我还想去打球"，A 也用"好吧，但是……"的句式回答，如"好吧，但是我们还是先把作业写完吧"，A、B 两人一直按照这样的方式进行对话，到规定时间后游戏结束。

（2）A 提出一个建议，如"我们去吃饭吧"，这次双方在沟通时用"好吧，而且……"的句式，如"好吧，而且我们还可以去散步"，到规定时间后游戏结束。

（3）总结。老师问大家"除了上述两种句式，你还能想到其他委婉的拒绝方式吗"，并根据大家的回答进行总结。

**解析**：这个游戏通过对话训练让学生学会委婉地拒绝别人的请求。

**玩法变形**：你可以自由发挥自己的创意。

**分享方向**：在人际交往中，用委婉的方式表达自己的拒绝，既能向对方表明自己的意思，又能维护彼此之间的关系。

我的教学感悟

# 213. 记忆力测试

**活动形式：**行为训练　　**适用学段：**小学高年级　　**适用场地：**教室

**适用主题：**学习心理（学习方法）、目标管理（目标执行）

**游戏规则：**

（1）老师提前准备若干张图片，图片的内容（如雨、烧饼、手、自行车、松鼠、羊、手表等）不能重复。

（2）老师将学生分成约 10 人 1 组，每人从老师处抽取 1 张图片，各组成员按照抽取的顺序将图片摆成一排，并给大家 2 分钟记住图片的顺序，然后大家轮流复述自己所在组图片的顺序（如第 1 张是 ×× 、第 2 张是 ×× ……）。

（3）总结。老师问大家"每个人都有自己擅长的记忆方法，你的记忆方法是什么"，并根据大家的回答进行了总结。

**解析：**随着学段的提升，学生需要记忆的知识越来越多，而记忆能力可以通过训练来提升，老师可以通过这个游戏引出各种记忆的方法。

**玩法变形：**老师可以让学生交流自己的记忆方法，并体验不同的记忆方法。

**分享方向：**记忆的方法有很多，但效果因人而异，所以我们要选择适合自己的记忆方法。

> **我的教学感悟**

# 214. 挑战记忆

**活动形式：**行为训练　　**适用学段：**普遍适用　　**适用场地：**教室

**适用主题：**备考或考试心理（考试方法）、目标管理、创造性思维

**游戏规则：**

（1）老师将学生分成约 10 人 1 组，并按照总人数准备若干张词汇卡，卡上的词汇类型及长度不限，也可以是短句。

（2）每人随机抽取 10 张卡，并在 2 分钟内尝试记住卡上的内容，然后在组内背诵。

（3）每人自主抽取 10 张卡，并在 1 分钟内尝试记住卡上的内容，然后在组内背诵。

（4）总结。老师问大家"在限定时间内，你能背诵所有卡上的内容吗""在记卡上的内容时，你使用了哪些方法""这对你有什么启发"，并根据大家的回答进行总结。

**解析：**限定时间的目的是便于学生找出记忆效果受哪些因素的影响。

**玩法变形：**老师可以根据学段调整卡上的内容。

**分享方向：**在考试时，大家应先浏览一下试卷上所有的题目，然后先做自己觉得比较容易的题目，最后做有难度的题目。

---

我的教学感悟

---

# 215. 把气排出

**活动形式：**行为训练　　**适用学段：**小学高年级　　**适用场地：**户外或空旷场地

**适用主题：**情绪心理（情绪调节）、自信心理

**游戏规则：**

（1）老师给每人发 1 个气球，学生把气球吹到规定大小并在气球上写下自己的名字。老师对学生说："当有一口气憋在我们的胸口时，我们会很难受，现在让我们把这口气赶走。"

（2）老师让学生尽量往上扔自己的气球，不要让气球落在地上，其间大家也可以拍打其他人的气球。游戏结束后，老师告诉学生："好了，大家都出完气了！"

（3）总结。老师问大家"出气的感觉如何""你觉得还有其他出气的方法吗"，并根据大家的回答进行总结。

**解析：**这个游戏通过拍打气球的方式让学生体会负面情绪被纾解后的感受。

**玩法变形：**每个人为自己设定一个目标时间，如"我认为我可以让气球保持 ×× 分钟不落地"，游戏开始后由老师计时，看大家是否能达成自己的目标。

**分享方向：**当我们有负面情绪的时候，要及时进行纾解。

我的教学感悟

## 216. 哈哈大笑

**活动形式：** 行为训练　　**适用学段：** 初中　　**适用场地：** 教室

**适用主题：** 压力应对、心理健康、趣味心理

**游戏规则：**

（1）老师让大家以感到舒适的姿势站好，老师在黑板上写出"哈哈哈……"并引导学生大笑 15 秒，然后询问学生的感受。老师让学生再次尝试大笑 15 秒。

（2）总结。老师问大家"第一次笑时你有什么感受""第二次笑时你有什么感受""两次笑有什么不同"，并根据大家的回答进行总结。

**解析：** 有研究表明，我们可以通过练习假笑达到真笑的效果。

**玩法变形：** 老师将学生分成 2 人（A、B）1 组，A 进行大笑训练，B 则面无表情地站在 A 面前，观察 B 是否会受到 A 的影响。

**分享方向：** 这个游戏可以作为我们状态不佳、压力较大时的自我疗愈方法。

我的教学感悟

## 217. 一念之差

**活动形式：** 行为训练　　**适用学段：** 初中　　**适用场地：** 教室

**适用主题：** 情绪心理、压力应对、价值观、趣味心理

**游戏规则：**

（1）老师给每人发 1 张白纸，让学生以"因为……（发生了什么事情），所以……（行为、

情绪）"的句式写下最近令自己不开心的事情，然后学生分析并写下为什么自己会有这样的行为和情绪。

（2）老师为学生展示情绪 ABC 理论（老师提前查阅相关资料），让大家判断在刚才自己写的内容中，哪些是 A、哪些是 B、哪些是 C。试着改写 B "如果我当初不这么想，而是认为……是否会让自己舒服一点（事情的结果会好一点）"。

（3）总结。老师问大家"想法改变后你的情绪有什么变化吗，有哪些变化"，并根据大家的回答进行总结。

**解析：**这个游戏通过让大家把真实发生过的事情进行"想法改写"，以让他们真实地感受自己的认知对情绪的影响。

**玩法变形：**你可以自由发挥自己的创意。

**分享方向：**我们要学会觉察自己的非理性想法和信念，并以一种积极的态度面对眼前的困难和遭遇。

---

我的教学感悟

---

# 218. 专注力训练

**活动形式：**行为训练　　**适用学段：**小学低年级　　**适用场地：**教室

**适用主题：**智力开发（注意力）

**游戏规则：**

（1）老师向学生展示舒尔特方格的操作方法，并给每人发 1 张舒尔特方格（每人的训练表不一样）。

（2）老师让大家先练习 3 次：第一次自己完成练习；第二次与同桌交换舒尔特方格并完成练习；第三次与自己前边或后边的同学交换舒尔特方格并完成练习。完成练习的学生举手示意，老师依次记下每人每次的用时。

（3）总结。老师问大家"在练习的过程中，你的专注程度和投入程度如何""你觉得自己完成练习很快或者很慢的原因是什么"，并根据大家的回答进行总结。

解析：老师可以使用舒尔特方格提升学生的专注力。

玩法变形：老师可以将舒尔特方格中的数字换成文字或符号图案以使这个游戏适用于较高学段的学生。

分享方向：当我们专注于自己正在做的事情时会非常高效。

我的教学感悟

# 219. 干扰训练

**活动形式**：行为训练　　**适用学段**：小学低年级　　**适用场地**：教室

**适用主题**：智力开发（注意力）

**游戏规则**：

（1）老师先选出 4 人作为干扰者，给剩下的学生每人发 1 张舒尔特方格，干扰者可以自由走动以干扰大家的练习，但不能触碰对方的身体和遮挡舒尔特方格。

（2）大家练习 3 次：第一次自己完成练习；第二次与同桌交换舒尔特方格并完成练习；第三次与自己前边或后边的同学交换舒尔特方格并完成练习。

（3）总结。老师问大家"经过 3 次练习后，你有什么感受""这对你平时的学习有什么启发"，并根据大家的回答进行总结。

解析：这个游戏再现了学生在学习过程中出现干扰的场景。

玩法变形：你可以自由发挥自己的创意。

分享方向：当处于干扰因素较多的环境中时，我们的学习效率会受到很大的影响。

我的教学感悟

# 解难

解难是指老师提前设计一个有难度的任务，让学生个人或团体合作完成这个任务。学生在完成任务的过程中会表现出一定的行为、态度和观点，这些可以作为老师分享的内容。

## 220. 众志成城

**活动形式**：解难　　**适用学段**：普遍适用　　**适用场地**：户外或空旷场地

**适用主题**：人际关系、性教育（异性交往）、学习心理、自律自控、疫情心理、角色意识

**游戏规则**：

（1）老师将学生分成约 10 人 1 组并给每组发 1 张报纸，各组把报纸铺在地上且所有组员站在报纸上，保持 5 秒且脚不能踩在地面上，否则该组淘汰。

（2）各组将报纸对折，大家重新站在报纸上，规则同上，以此类推，直到大家觉得无法完成任务游戏结束。

（3）总结。老师问大家"你认为是什么原因让你所在的小组一步一步完成挑战的""你所在的组挑战失败的原因有哪些""这对你有什么启发"，并根据大家的回答进行总结。

**解析**：这个游戏体现的是合作、配合、坚持、策略等；此外，大家在玩游戏过程中会有身体接触，老师可以考虑性别因素并调整游戏规则。

**玩法变形**：每组派出几人共同完成上述挑战，将多个小团体融合为一个大团体。

**分享方向**：老师引导学生关注游戏过程，以及这个游戏给自己带来的启发。

我的教学感悟

## 221. 蒙眼创作

**活动形式：**解难 **适用学段：**高中、职中 **适用场地：**户外或空旷场地

**适用主题：**备考或考试心理（专注力）、环境适应、创造性思维（创造力）、角色意识

**游戏规则：**

（1）老师从学生中选出 15 人并将他们分成 3 组，其他人在一旁观看。

（2）老师给这 3 组学生戴上眼罩，并给每组发几根绳子，各组按照要求完成三个平面造型，如三角形、正方形和圆形，其间所有人不能说话。

（3）各组用刚才完成的三个图形组建一个房子，在完成任务的过程中大家可以交流和讨论，但观察者不能说话。

（4）总结。老师问大家"当接到任务后，你认为自己所在的组能完成吗，最后的结果如何""作为观察者，刚开始你觉得大家能完成任务吗，在大家完成任务的过程中，你的心情如何"，并根据大家的回答进行总结。

**解析：**这个游戏需在空旷且无障碍物的平地上进行。

**玩法变形：**你可以自由发挥自己的创意。

**分享方向：**在分享的过程中，可能会出现组员相互指责的情况，老师应让学生学会换位思考，要从自己身上找原因，而非一味地责怪他人。

> 我的教学感悟

## 222. 传递呼啦圈

**活动形式：**解难 **适用学段：**初中 **适用场地：**户外或空旷场地

**适用主题：**人际关系、自我意识、备考或考试心理、考前压力应对、目标管理、时间管理、考后心理、角色意识

**游戏规则：**

（1）老师将学生分成约 15 人 1 组，每组选出 2 人手持呼啦圈，其他成员手牵手围成 1 个

圆圈并逐个穿过呼啦圈，使呼啦圈在组内传递。在传递呼啦圈的过程中，大家不能松手，并且不能用手抓呼啦圈，否则游戏重新开始。

（2）游戏进行 3 ~ 5 轮，在每轮游戏开始前，老师限定时间，在规定时间内完成传递呼啦圈一周的小组获胜。

（3）总结。老师问大家"当不小心碰到呼啦圈时，你的感受如何""在玩游戏过程中，如果有人频繁出现失误导致游戏重新开始，你会抱怨吗"，并根据大家的回答进行总结。

**解析**：这个游戏需要老师提前准备几个呼啦圈，呼啦圈的大小应根据学生的平均身高确定。

**玩法变形**：你可以自由发挥自己的创意。

**分享方向**：这个游戏适用于自我意识、人际关系等主题，老师可以变换提问内容以引导学生进行多维度思考。

---

我的教学感悟

---

# 223. 谁的速度快

**活动形式**：解难　　**适用学段**：普遍适用　　**适用场地**：教室

**适用主题**：压力应对、人格特质（心理弹性）、应激反应、梦想教育

**游戏规则**：

（1）老师提前准备若干小物品（如小石头，但数量比学生人数少 1 个，或者加一些干扰物）。老师将学生分成 3 组，并将全部物品放在桌子上，每组成员以相同的距离站在桌子的四周。

（2）老师说"开始"后，大家抢桌子上的物品，没有抢到、抢到干扰物或抢到物品超过一件者被淘汰，每淘汰 1 人则相应地减少 1 个要抢的物品，最后看谁胜出。

（3）总结。老师问大家"你是在第几轮被淘汰的，为什么被淘汰（是自己的原因还是别人的原因）"，并根据大家的回答进行总结。

**解析**：老师应强调大家不要因争抢发生肢体冲突。

玩法变形：你可以自由发挥自己的创意。

分享方向：在分享的过程中，大家要避免"贴标签"的现象，应客观地分析失败的原因，以积极的心态对待比赛。

---

我的教学感悟

---

# 224. 隔袋猜物

**活动形式：**解难　　**适用学段：**普遍适用　　**适用场地：**团辅室

**适用主题：**智力开发（观察力）、自律自控（自控力和专注力）、创造性思维（想象力）

**游戏规则：**

（1）老师提前准备若干份（按组数定）如下材料：1 张纸、1 支笔、1 个非透明的装有 10 件物品（如橡皮、苹果、乒乓球、气球、领带等）的袋子。

（2）老师将学生分成约 12 人 1 组，老师在各组前约 3 米的地方放一个凳子，并把装有物品的袋子放在凳子上。老师喊"开始"后，各组成员按顺序前去摸袋子里的物品，摸完后回来把自己摸到的物品的名字写下来（只写一个），下一个人接着去摸，以此类推。时间结束后，老师把袋子里的物品拿出来，与各组写的物品进行核对并计算正确率。

（3）总结。老师问大家"你所在的小组猜对了几件物品，有没有人猜错"，并根据大家的回答进行总结。

**解析：**每组的物品应相同，以保证公平、公正。

**玩法变形：**老师可以让学生戴着手套摸袋子里的物品，各类物品的形状应尽量相似。

**分享方向：**袋子里的物品大多是我们在日常生活中经常用到或见到的物品，但当我们只用手摸的时候可能无法确定它们是什么，原因之一是我们的观察不够仔细。

---

我的教学感悟

## 225. 突出重围

**活动形式：** 解难　　　**适用学段：** 初中　　　**适用场地：** 户外或空旷场地

**适用主题：** 情绪心理、学习心理（学习态度）、压力应对（抗压能力）、挫折教育

**游戏规则：**

（1）老师将学生分成几组，每组 15 ~ 20 人。其中一组成员扮演包围者，手拉手围成 1 个圆圈，另一组选出 1 人站在中间扮演突围者并尝试冲出圆圈，限时 1 分钟。如果站在中间的人突出了重围，那么 2 组成员互换角色；如果突出重围失败，则再加 1 人站在中间，2 人一起尝试突出重围，每次突出重围的时候限定 1 分钟，以此类推。老师计算每组突出重围所用的时间。

（2）总结。老师问大家"你是包围者、突围者还是观察者，这个情景让你联想到什么""作为突围者，你突出重围了吗"，并根据大家的回答进行总结。

**解析：** 老师提醒大家在玩游戏过程中应注意安全，最好选择在草地上进行，在突出重围的过程中不能攻击他人。

**玩法变形：** 老师将学生分成男生组和女生组，这 2 组再各分成 2 组进行上述游戏。

**分享方向：** 当面临困难或危机时，我们要先冷静地分析面前的状况，不能盲目地采取行动。

---

我的教学感悟

---

## 226. 同舟共济

**活动形式：** 解难　　　**适用学段：** 初中　　　**适用场地：** 户外或空旷场地

**适用主题：** 自律自控（自制力）、角色意识

**游戏规则：**

（1）老师将学生分成 6 ~ 8 人 1 组，然后给每组发 2 张报纸并在地上划定起点和终点，各组成员站在起点位置，老师发出"开始"指令后，各组成员通过踩在两张报纸上向终点前

进。在前进过程中，大家的脚或其他身体部位不能接触地面，否则重新开始，最先到达终点的小组获胜。

（2）总结。老师问大家"在前进的过程中，你能一直保持在报纸上活动吗""你所处的位置靠边还是居中""你认为你们前进的速度还可以加快吗"，并根据大家的回答进行总结。

**解析：**在玩这个游戏时，既可以每组轮流进行，也可以各组同时进行。

**玩法变形：**各组在规定的范围内同时进行游戏，但相互不能触碰。

**分享方向：**每组都是一个团队，每个人的表现都有可能影响团队的整体表现，要想顺利完成任务，需要小组成员共同努力。

---

我的教学感悟

---

# 227. 人椅

**活动形式：**解难　　**适用学段：**初中　　**适用场地：**团辅室

**适用主题：**自我意识（自我觉察）、学习心理（学习态度）、备考或考试心理（专注力）、自信心理、目标管理（目标执行）、积极心理、自律自控（自我控制）、人格特质（心理弹性）、角色意识、挫折教育

**游戏规则：**

（1）老师将学生分成2组，每组成员站着围成1个圆圈，按顺时针或逆时针方向把双手搭在前面同学的肩膀上。待老师发出指令后，大家缓慢地坐在身后同学的大腿上。待大家坐好后，老师计算各组坚持的时间。

（2）总结。老师问大家"你所在的组坚持了多久""你觉得最困难的是哪个时刻"，并根据大家的回答进行总结。

**解析：**这个游戏涉及身体接触，老师可以将男生和女生分开进行游戏。

**玩法变形：**在大家搭好人椅后，老师可以发出"向前走"的指令。

**分享方向：**在遇到困难的时候，我们可以试着进行积极的自我暗示，如果我们的内心始终想着目标并一直努力，或许就能坚持下去。

## 228. 情系千千结

**活动形式**：解难　　**适用学段**：初中　　**适用场地**：户外或空旷场地

**适用主题**：亲子关系、人际关系、性教育（异性交往）、心理危机干预、心理健康

**游戏规则：**

（1）老师将学生分成 2 组，每组成员手牵手围成 1 个圆圈并据此在地上画 1 个圆圈，老师给大家 10 秒记住自己左右两边的同学，当老师喊"解散"后，大家松开手在刚才所画的圆圈范围内自由走动。当老师喊"停"时，大家站在原地并找到刚才站在自己左右两边的同学，重新与他们手牵手（如果距离较远可以移动几步）。此时大家的手可能处于打结状态，需要大家在不松开双手的情况下恢复之前手牵手组成圆圈的状态。

（2）总结。老师问大家"在恢复成手牵手的过程中，你付出了哪些努力""你有没有提出好的建议"，并根据大家的回答进行总结。

**解析**：这个游戏适合分组进行，老师也可以尝试让所有人手牵手围成 1 个大圆圈，人越多，打的结就越多，解开的难度就越大。

**玩法变形**：你可以自由发挥自己的创意。

**分享方向**：在人际交往中，我们与他人的矛盾可能像一团乱麻，很难解开，但只要慢慢梳理和沟通，就一定会解开。

## 229. 千斤顶

**活动形式**：解难　　**适用学段**：初中　　**适用场地**：户外或空旷场地

**适用主题**：生涯规划、备考或考试心理（专注力）、目标管理、考后心理、角色意识、挫折教育

**游戏规则**：

（1）老师将学生分成 2 人 1 组，2 人面对面坐在地上，双腿收回，脚尖对脚尖，互相握住对方的手，试着同时站起来。完成挑战后，可以再增加 1 人重复以上操作。以此类推，每次挑战成功后都增加 1 人（若学生人数较多，可以分组进行）。

（2）总结。在游戏结束后，学生分享挑战成功或失败的原因，老师根据大家的分享进行总结。

**解析**：在玩游戏的过程中，大家不能拉对方的手臂，以免发生胳膊脱臼。

**玩法变形**：在几个人同时站起来的过程中，老师可以问一些简单的问题，只有都回答正确，才算挑战成功。

**分享方向**：这个游戏就像考试一样，有第一名就会有最后一名，我们要找到失败的原因并加以改进，而不是纠结于一时的排名。

---

我的教学感悟

---

## 230. 齐心协力

**活动形式**：解难　　**适用学段**：小学高年级　　**适用场地**：户外或空旷场地

**适用主题**：人际关系、自我意识、压力应对、角色意识

**游戏规则**：

（1）老师将学生分成 2 组并在地上画 1 条直线，在距离直线 1.2 米处放 1 个瓶子，然后要求大家在脚不越过直线且身体的任何部位不触碰地面的情况下拿到瓶子。2 组同时进行，每人进行一次，率先完成的小组获胜。

（2）总结。老师问大家"你能单独完成任务吗""团队合作对完成任务的帮助大吗"，并根据大家的回答进行总结。

**解析：**这个游戏可以培养大家的团队和角色意识。

**玩法变形：**老师可以多放几个瓶子，在最短的时间内拿到所有瓶子的组获胜。

**分享方向：**我们要学会发现自己的优势，在团队中找到自己的位置。

---

**我的教学感悟**

---

# 231. 欢乐夹球

**活动形式：**解难　　**适用学段：**初中　　**适用场地：**户外或空旷场地

**适用主题：**人际关系、情绪心理、备考或考试心理（考试焦虑）、自律自控（自控力）、角色意识

**游戏规则：**

（1）老师提前准备几个球，将学生分成 2 组，设定起点和终点（相距约 10 米）。老师喊"开始"后，每组派出 1 人从起点出发，用两个膝盖的内侧夹球，到终点后再返回起点将球传递给下一个人。如果球中途掉落，则需从起点重新开始。最先完成挑战的小组获胜。

（2）总结。你觉得这个游戏难吗？在玩游戏的过程中，你感觉有压力吗？老师根据大家的回答进行总结。

**解析：**各组可以同时或轮流进行游戏，但起点和终点之间的距离及各组的人数需保持一致。

**玩法变形：**大家在用双腿夹球的同时，1 只手传递水杯，游戏结束后水杯中剩下的水最多的小组获胜。

**分享方向：**适当的压力有利于我们发挥出自己的最佳水平，但如果压力过大则会影响我们的表现，此时应及时进行调整。

我的教学感悟

## 232. 捆绑任务

**活动形式**：解难　　**适用学段**：普遍适用　　**适用场地**：团辅室

**适用主题**：人际关系、生命教育、心理委员、感恩教育、角色意识、升学准备

**游戏规则**：

（1）老师将学生分成 8 人 1 组，各组成员围成 1 个圆圈且面向圆心站立，老师将相邻组员的手臂捆绑在一起，然后大家按照老师的要求完成任务，如包装物品、绘画等。

（2）总结。老师问大家在完成任务的过程中发生了哪些有趣的事情并根据大家的回答进行总结。

**解析**：这个游戏需要老师提前准备若干丝带，如果学生较多，可以让组员之间互助捆绑手臂以增加互动性。

**玩法变形**：你可以自由发挥自己的创意。

**分享方向**：每个人都有需要他人帮助的时候，当他人需要帮助时，我们也应尽自己所能帮助他人。

我的教学感悟

## 233. 举起手来

**活动形式**：解难　　**适用学段**：普遍适用　　**适用场地**：教室

**适用主题**：学习心理（学习态度）、压力应对（坚持力）、自律自控（自我控制）、开学或复学、挫折教育

**游戏规则：**

（1）老师让所有人站起来，向前伸直双臂，平举在胸前，保持身体平稳，限时 5 分钟，看谁能坚持到最后。

（2）总结。老师问大家"你有什么感受""这个游戏对你的生活或学习有什么启发"，并根据大家的回答进行总结。

**解析：** 如果坚持到最后的学生有很多，老师可以延长游戏时间并对坚持到最后的学生给予表扬。

**玩法变形：** 你可以自由发挥自己的创意。

**分享方向：** 在生活和学习中，当我们觉得坚持不下去时，可以给自己加油和打气，有时候坚持就是胜利。

---

**我的教学感悟**

---

# 234. 鸡蛋保卫战

**活动形式：**解难　　**适用学段：**小学低年级　　**适用场地：**户外或空旷场地

**适用主题：**亲子关系、人际关系、学习心理（学习方法）、生命教育、应激反应、角色意识、挫折教育

**游戏规则：**

（1）老师提前让每人自备一枚鸡蛋带到学校，大家需要在一整天将这枚鸡蛋带在身上。最后，老师让大家分享这一天遇到的趣事和感受。

（2）总结。老师问大家"你的鸡蛋破了吗，你是如何保护它的""如果你的鸡蛋破了，你的心情如何"，并根据大家的回答进行总结。

**解析：** 老师应向学生强调把鸡蛋一直带在身上。

**玩法变形：** 每人保护一枚鸡蛋变成一个团队（3 ～ 5 人）保护一枚鸡蛋。

**分享方向：** 其实保护鸡蛋的过程和父母保护我们的过程一样；鸡蛋就如同我们的生命，既脆弱又坚强；每个人保护鸡蛋的方法不同，老师可以由此引出每个人的学习方法不同。

我的教学感悟

# 235. 合力运球

**活动形式：**解难　　**适用学段：**普遍适用　　**适用场地：**户外或空旷场地

**适用主题：**情绪心理、备考或考试心理、考前压力应对、应激反应、角色意识

**游戏规则：**

（1）老师提前准备若干个乒乓球、3副乒乓球拍和3个小桶。老师将所有人分成3组并设置起点和障碍物，各组成员接力从起点开始一边用球拍运球，一边绕过障碍物返回起点，用时最少的小组获胜。

（2）游戏分两轮进行。第一轮，三组同时进行，最快完成的小组获胜；第二轮，三组轮流进行，由老师进行计时（其间不断提醒学生所用时间），其他组成员观察参与游戏者是否有犯规的现象。

（3）总结。老师问大家"如果你所在的小组落后了，你是否有压力""你是如何缓解压力的""在每组轮流进行游戏时，老师报时是否会对你产生影响"，并根据大家的回答进行总结。

**解析：**比赛过程中产生的紧张感和压力感就像面临考试时的紧张感和压力感。

**玩法变形：**

（1）增加游戏难度，如在运球前增加转圈环节、绑手运球等。

（2）变换主题（如时间管理），各组自行设定完成时间，并且完成时间只有小组成员知道，各组同时进行游戏，用时最接近自己所设定时间的小组获胜。

**分享方向：**在考试时，当我们看到旁边的同学答题很快，自己却毫无头绪时，要先尝试让自己冷静下来。

我的教学感悟

## 236. 翻叶子

**活动形式：**解难　　**适用学段：**初中　　**适用场地：**户外或空旷场地

**适用主题：**人际关系、性教育（异性交往）、学习心理、自律自控、角色意识

**游戏规则：**

（1）老师提前准备若干张大小相同的帆布，每张帆布需足够容纳约 15 人站立。

（2）老师将学生分成 15 人 1 组，每组成员都站在帆布上，并想办法把帆布翻过来。如果有人触碰到地面，则重新开始。

（3）总结。老师问大家"你们是如何把帆布翻过来的""通过这个游戏你学到了什么"，并根据大家的回答进行总结。

　**解析：**在把帆布翻过来的过程中，学生之间会有身体接触，老师可以将男生和女生分开进行游戏。

　**玩法变形：**你可以自由发挥自己的创意。

　**分享方向：**大家需在遵守规则的前提下合力完成任务，这个游戏可以锻炼大家的协作和沟通能力。

---

　　我的教学感悟

---

## 237. 艰难前进

**活动形式：**解难　　**适用学段：**普遍适用　　**适用场地：**团辅室

**适用主题：**人际关系、情绪心理、备考或考试心理、环境适应、角色意识

**游戏规则：**

（1）老师提前准备若干张纸条（长约 30 厘米），将学生分成 2 人 1 组并给每组发 1 张纸条，用纸条把 2 人的其中一条腿系在一起。老师设定起点和终点，当听见老师喊"开始"后，各组成员从起点走到终点，如果中途纸条断开，游戏需重新开始。

（2）总结。老师问大家"在玩游戏的过程中，令你印象深刻的一幕是什么""你们挑战了

几次才成功""当时你内心的想法是什么"，并根据大家的回答进行总结。

**解析：** 2个人在前进时需专注并互相配合才能保证纸条不断开。

**玩法变形：** 老师将每组人数增加至3人以上。

**分享方向：** 如果在完成任务的过程中多次失败，我们就会越来越焦虑，此时我们应先试着让自己冷静下来。

我的教学感悟

# 238. 扑克塔

**活动形式：** 解难　　**适用学段：** 初中　　**适用场地：** 团辅室

**适用主题：** 人际关系、学习心理（学习方法）、智力开发、创造性思维、角色意识

**游戏规则：**

（1）老师将学生分成6人1组并为每组发放提前准备好的材料，包括一副扑克牌、100根吸管（其中20根是弯头吸管）、20个回形针。各组在10分钟内利用所给的材料（三种材料都要用到）搭建一座扑克塔，并为其命名，搭建的扑克塔不能靠墙或需要手扶。

（2）每组选出1人讲解本组的扑克塔是如何搭建的，最后大家进行评选，评选内容包括结构稳固、创意新奇、外形美观、用材科学等，奖项名称可以是"最稳固""最新奇""最美观""最省材"等。

（3）总结。老师问大家"在拿到材料的时候，你对搭建扑克塔有什么想法吗""最终搭建出来的扑克塔是小组成员共同协议的结果吗"，并根据大家的回答进行总结。

**解析：** 在评选时，尽量让每组都获得一个奖项，以表示对大家的鼓励。

**玩法变形：** 这个游戏可以进行多轮，老师为每轮游戏各设定一个主题，如"最稳固""最省材"等。

**分享方向：** 每个人都有自己的创意和想法，但要在有限的时间内创造一个最佳作品，则需要团队成员合作。

我的教学感悟

## 239. 1分钟的可能

**活动形式：** 解难　　**适用学段：** 小学高年级　　**适用场地：** 教室

**适用主题：** 自我意识、时间管理

**游戏规则：**

（1）老师将学生分成 2 组，要求各组分别用 1 分钟做以下事情（同组成员任务相同）：跳绳、做口算、剪纸、写成语、写英语单词等。

（2）计时结束后，组内成员展示自己的完成情况并进行交流。

（3）总结。老师问大家"时间相同、任务相同，为什么有的人完成得多，有的人完成得少""这个游戏对我们管理时间有什么启发"，并根据大家的回答进行总结。

**解析：** 老师可以通过这个游戏让大家展现自我，激发大家的潜能。

**玩法变形：** 老师可以根据学段、环境等对游戏中的任务进行调整。

**分享方向：** 每个人都有自己的优势和潜能，我们要在生活和学习中发现并挖掘自己的潜能。

我的教学感悟

第四章

04

# 结束（升华、收获）阶段

★ ★ ★

　　结束阶段一般用时 5 分钟左右，这一阶段的重点是整理收获、处理情绪、总结升华、引导实践、团体动力收回等。如果这一阶段的目标顺利完成，学生就可以把在课堂上的所学运用到日常生活中。

# 艺术性表达

　　艺术性表达指个体通过一些外在的、物化的方式表达内心的想法、认知、选择、价值观或者抽象概念等，以便更好地认识自己和他人及进行更深入的探索。艺术性表达也可以结合其他游戏一起进行，比如自我介绍、个人分享等。

## 240. 时光的价值

　　**活动形式：**艺术性表达　　　**适用学段：**高中、职中　　　**适用场地：**教室

　　**适用主题：**时间管理

　　**游戏规则：**

　　（1）老师给每人发一块黏土，并让大家把黏土搓成约10厘米长，想象这是自己生命的长度，然后将象征高中之前的时间和25岁之后的时间切掉，剩下的就是大家在校园里的时光了。

　　（2）老师问大家"作为学生，我们的校园时光是有限的，如何在有限的时间发挥自己的最大价值"，并让大家思考。

　　（3）老师让大家在保持剩下的黏土长度不变的前提下对其进行改造。

　　（4）总结。老师问大家"你认为可以做些什么让自己的校园时光更充实"，并根据大家的回答进行总结。

　　**解析：**这个游戏通过把时间实物化，让学生更加直观地体验时间是有限的。

　　**玩法变形：**你可以自由发挥自己的创意。

　　**分享方向：**如何在时间有限的情况下发挥自己最大的价值。

　　**我的教学感悟**

# 241. 梦想描绘

**活动形式**：艺术性表达　　　**适用学段**：初中　　　**适用场地**：教室

**适用主题**：梦想教育

**游戏规则**：

（1）老师提前准备 1 张大大的白纸及 1 盒彩笔，并将白纸贴在黑板上，然后让所有人根据"我的梦想"这一主题在白纸上进行绘画创作，每次允许 5 人同时进行创作且限时 1 分钟。

（2）总结。老师问大家"你脑海中想到的是什么""你画的内容与你内心的想法一样吗"，并根据大家的回答进行总结。

**解析**：老师可以把白纸换成帆布、黑板等，如果人数较多，可以分组进行。

**玩法变形**：老师可以变换主题（如团队合作、角色意识、校园欺凌、异性交往等），让学生按照主题进行创作。

**分享方向**：大家在创作的过程中可能会因为其他人的创作进行调整，因此最后呈现的画面可能与自己最开始设想的画面有所不同，老师可以据此引出我们的梦想也要根据实际情况不断进行调整。

我的教学感悟

# 242. 创意广告

**活动形式**：艺术性表达　　　**适用学段**：高中、职中　　　**适用场地**：教室

**适用主题**：创造性思维、角色意识

**游戏规则**：

（1）老师将学生分成 5 人 1 组，并为各组准备 1 张白纸（50cm×60cm）、1 盒彩笔，各组选出 1 人作为组长。

（2）老师让学生制作校园公益创意广告，并介绍相关要求。

主题：拒绝校园欺凌。

要求：画面色彩搭配和谐，具有一定的震撼力，内容突出主题，令人印象深刻。

（3）总结。大家创作结束后，老师请各组组长讲解自己组的海报，并评选出最佳海报，最后老师进行总结。

**解析：**这个游戏通过创作海报让学生对如何应对校园欺凌进行思考。

**玩法变形：**你可以自由发挥自己的创意。

**分享方向：**当大家扮演宣传者的角色时，就是在说服自己认同所宣传的内容（如拒绝校园欺凌）。

> 我的教学感悟

# 243. 把消极情绪变成礼物

**活动形式：**艺术性表达　　**适用学段：**小学高年级　　**适用场地：**教室

**适用主题：**情绪心理（情绪调节）、积极心理

**游戏规则：**

（1）老师提前准备一些纸盒和几盒彩笔，将学生分成几组对纸盒进行改造，如在纸盒上画一些绿色的植物，将其变为可以美化班级的装饰品。

（2）总结。老师问大家"在改造之前和之后，你的心情如何"，并根据大家的回答进行总结。

**解析：**绿色给人带来一种生机勃勃的感觉，当我们把消极情绪转变成"资源"时，就会收获不一样的人生。

**玩法变形：**变换游戏规则，如让大家在纸盒上写下最近困扰自己的消极情绪，并发挥想象使消极情绪变"废"为"宝"。

**分享方向：**每个人都会偶尔体验一些消极情绪，我们要学会妥善地处理这些消极情绪。

> **我的教学感悟**

# 个人收获分享

心理学家欧文·亚隆认为，在团体发展的初期，大家都会对自己遇到的问题感到焦虑、无助，直到团体中有其他人分享类似的问题，大家的这种焦虑情绪和感觉才会有所缓解。同理，在游戏结束后的团体分享环节，如果大家愿意主动分享自己的想法和感受，就会增加团体成员的凝聚力和对团体的认同感。

根据团体发展的阶段和深度，个人收获分享可分为以下几种。

- 活动初期的分享。活动初期的分享一般以老师问、学生答的方式进行。

- 活动中的组内分享。活动中的组内分享主要是为了学生在团体活动中有发言的机会。

- 活动后的最终分享。对有些人来说，在团体活动中发言是一件很困难的事，为了减轻这些人的心理压力，老师可以采用站队投票或刻度化等方式让学生表达自己的观点、用书写表达的方式代替发言、委派 1 人代表所有组员分享、无眼神接触分享、指代他人分享等。

## 244. 偶像让你说

**活动形式**：个人收获分享　　　**适用学段**：普遍适用　　　**适用场地**：团辅室

**适用主题**：偶像崇拜

**游戏规则**：

（1）老师提前准备若干空玻璃瓶，并在瓶身上写上"偶像让你说"。老师将学生分成几组并给每组发 1 个玻璃瓶，每组成员围成 1 个圆圈并坐下，将玻璃瓶躺倒放在中间。老师先问一个问题，之后大家轮流旋转瓶子，最后瓶口指向谁，谁就回答问题。

（2）总结。老师根据大家的回答进行总结。

**解析：**作为引导大家分享的工具，这个游戏可以减轻公开发言给有些人带来的压力，也可用于活动结束后检查教学效果。

**玩法变形：**你可以自由发挥自己的创意。

**分享方向：**老师要从积极的方面对学生的分享进行评价，以免打击学生的积极性。

我的教学感悟

## 245. 背对背分享

**活动形式：**个人收获分享　　**适用学段：**普遍适用　　**适用场地：**团辅室
**适用主题：**考后心理、心理健康

**游戏规则：**

（1）老师将学生分成几组，每组成员围成1个圆圈并面向圆心，大家集体向后转并坐下。老师引导学生闭上眼睛，简单地做几次深呼吸，然后让大家对在这节课中自己的收获和感想进行思考，限时5分钟。5分钟后，老师让大家慢慢地睁开眼睛并说"开始"，大家同时说出自己的想法。

（2）总结。当大家说完后，老师进行总结。

**解析：**大家同时进行分享可以减轻不敢当众分享的学生的心理压力，从而达到分享个人收获的效果。

**玩法变形：**你可以自由发挥自己的创意。

**分享方向：**老师对整个课堂进行总结并向学生送出祝福。

我的教学感悟

## 246. 逐步靠近

**活动形式**：结束仪式感　　**适用学段**：初中　　**适用场地**：团辅室

**适用主题**：心理危机干预、心理健康

**游戏规则**：

（1）老师将学生分成几组，各组选出 1 人站在中间，其他成员围成 1 个圆圈，并把自己的胳膊搭在相邻同学的肩膀上。如果有学生介意可以不搭肩膀或者按性别分组进行。

（2）各组成员根据老师的指令同时向中间迈三步，在学生迈步的过程中，老师可以对学生进行引导，因为在此过程中会有学生被挤出去。

（3）总结。老师让学生说一下自己在迈出第一步、第二步和第三步时的感受并进行总结。

**解析**：尽管这个任务很难完成，但是在玩游戏的过程中大家会很开心。

**玩法变形**：你可以自由发挥自己的创意。

**分享方向**：虽然老师布置的任务无法完成，但大家收获了快乐与彼此之间的友谊，这比完成任务更有意义。

> **我的教学感悟**

# 结束仪式感

结束仪式感指老师用一种仪式化的方式让学生接受课堂已经接近尾声，大家可以整理一下自己的心情和收获。结束仪式感可以通过以下两种方式来实现。

■ 祝福道别。表达道别或祝福的方式有很多种：借助某种物品（如倒计时钟）、所有人一起做一些动作、将个人收获贴在某个地方（如成长树）等。

■ 互送礼物。学生可以把一封信、一段话、一张卡片、一张手工折纸、一首歌、一幅画

作为礼物送给别人或自己，重点是要记录下自己在课堂上的感受和收获。

# 247. 踩气球

**活动形式**：结束仪式感　　**适用学段**：普遍适用　　**适用场地**：教室

**适用主题**：情绪心理（情绪调节）

**游戏规则**：

（1）老师提前为每人准备 1 个气球，游戏开始后，老师把气球发给学生，接着读出下面的故事，当学生在听故事的过程中感受到消极情绪时，就往气球里吹一口气，直至老师读完故事。最后，老师让学生把气球系好并一起踩爆气球。

## 糟糕的一天

对我来说，昨天是有史以来最糟糕的一天，我真是倒霉透了。

早上起床后，我还是感觉很困，我边走出房间边打哈欠，一不小心头撞到了门上，疼得我眼泪都流出来了。吃完早餐后，我骑着自行车出去玩，路面上有一个坑，我没来得及刹车，摔了个"狗啃泥"，幸好不是头朝地，否则后果不堪设想。

中午该吃午饭时，我的小说还没看完，所以我一边吃饭一边看小说，看到好笑的情节时，我忍不住大笑了起来，嘴里含的饭一下子喷了出来。妈妈责骂了我一顿，还把我的书收走了。

到了晚上，我洗完澡后，走出浴室的时候没注意到地上有水，结果一不小心摔个四脚朝天。

（2）总结。老师问大家"故事中的哪个片段让你印象特别深刻""在吹气球的时候你有什么感受""踩爆气球的时候你有什么感受""当遇到烦恼时你会怎么办"，并根据大家的回答进行总结。

**解析**：老师应提醒大家在吹气球的时候要控制好力度，避免把气球吹爆炸。

**玩法变形**：老师读完故事后可以让学生选择踩气球或不踩气球。踩气球代表情绪爆发，可能会给自己和他人带来伤害；不踩气球代表用合理的方法缓解消极情绪，选择不踩气球的学生需说出 1 ~ 2 个缓解情绪的方法。

**分享方向**：负面情绪就像 1 个气球，如果我们不断地感受到负面情绪，气球就会一直膨胀，如果不及时处理，气球就会爆炸。

我的教学感悟

## 248. 学会放手

**活动形式**：结束仪式感　　**适用学段**：普遍适用　　**适用场地**：团辅室

**适用主题**：哀伤辅导

**游戏规则**：

（1）老师提前准备一些信封和信纸，为每人发 1 个信封和 1 张信纸，让大家想象自己身边亲近的人离世了。

（2）老师引导学生体会悲伤的情绪："他已经离世了，现在请你整理与他相处的片段和回忆，尝试把那些美好的过往或者你想对他说的话写下来。"大家写好后，把信纸放在信封中并封好。

（3）最后，大家把信封丢在提前准备好的垃圾桶里，老师统一进行处理（如撕毁）。

（4）总结。老师让学生说一说自己的感受并进行总结。

**解析**：有时我们会对过去发生的某些事无法忘怀，这可能是由于我们没正式地与那段回忆告别。

**玩法变形**：你可以自由发挥自己的创意。

**分享方向**：虽然死亡意味着永远分开，但却带不走他人对我们的爱。

我的教学感悟

# 249. 语言诗歌

**活动形式**：结束仪式感　　　**适用学段**：初中　　　**适用场地**：教室

**适用主题**：校园欺凌

**游戏规则**：

（1）老师给每人发 1 张纸，每张纸上都有一句有暴力倾向的话语，并通过幻灯片展示鲁思·贝本梅尔的诗歌《语言是窗户》，让学生自由朗读这首诗。

（2）老师让大家把手中的纸折成纸飞机并放飞，让纸飞机将这些语言暴力带走。

**解析**：放飞写有暴力语言的纸飞机是拒绝校园欺凌或与校园欺凌说再见的一种仪式化方式。

**玩法变形**：变换游戏规则，如节选诗歌中的某些重点语句，并把这些语句制作成词语填充的形式，让学生分组填充诗歌，在限定时间内完成诗歌填充的小组获胜。

**分享方向**：我们说的话有时是一堵墙，而有时是一首美妙的诗歌。

我的教学感悟

# 250. 压力飞镖

**活动形式**：结束仪式感　　　**适用学段**：初中　　　**适用场地**：户外或空旷场地

**适用主题**：压力应对、心理健康

**游戏规则**：

（1）老师将学生分成几组，并要求各组讨论缓解压力的方法。讨论结束后，各组将讨论的结果写在便利贴上，1 张便利贴上写一个方法，每人发 1 个便利贴。各组写好后各选 1 人分享本组的讨论结果。

（2）大家将便利贴贴在飞镖上并轮流把自己的飞镖扔向飞镖盘。

（3）总结。扔完飞镖后，老师让学生说出自己在扔飞镖过程中的感受，并根据大家的分享进行总结。

**解析**：这个游戏的主要作用是让大家思考如何缓解压力。

**玩法变形**：老师可以把讨论的主题换成时间管理或提升学习效率的方法等。

**分享方向**：只要我们选择适合自己的应对压力的方法，就能将压力转化为动力。

---

我的教学感悟

---

# 251. 情绪苹果

**活动形式**：结束仪式感　　**适用学段**：小学高年级　　**适用场地**：教室

**适用主题**：情绪心理

**游戏规则**：

（1）老师将提前准备好的不同颜色的苹果形状的便利贴发给大家，1 人 1 个。

（2）接下来，老师让学生在苹果便利贴上写下自己在情绪调节方面学到的知识并将自己的便利贴贴在黑板上。

（3）总结。老师从黑板上挑选几个便利贴并与大家分享上面的内容，最后进行总结。

**解析**：老师可以在书写前引导大家进行适当的放松，不同颜色的便利贴可以代表不同的情绪。

**玩法变形**：老师可以将便利贴换成纸船或纸飞机等。

**分享方向**：当我们写下承诺、祝福的时候，内心大多是平静的，因此当我们感觉自己内心不平静时，可以尝试用这种方式让自己平静下来。

---

我的教学感悟

---

## 252. 再见，你好

**活动形式：**结束仪式感　　　**适用学段：**高中、职中　　　**适用场地：**教室

**适用主题：**环境适应、开学或复学

**游戏规则：**

（1）老师提前准备 1 个写着"历史列车"的纸盒和若干个写着"过去"的信封。

（2）老师将学生分成几组，并让大家匿名写下自己在上小学、初中时获得的荣誉，如果组内成员彼此信任，也可以写一些让自己无法释怀的事情等。大家把写好的纸分别放进写有"过去"字样的信封里，老师收回信封并分组放好。每人从组内的信封中抽 1 个并阅读信上的内容，其他人认真聆听且不做任何评价，读完后把信放回信封里并投进"历史列车"中，最后由老师统一处理。

（3）总结。老师让学生分享自己的感受并进行总结。

**解析：**很多学生进入新环境后很容易把现在和过去进行比较，并因此产生不适应感；在这个游戏中，老师带领学生通过仪式性的行为为自己过去的成就画上句号，这样才能更好地活在当下。

**玩法变形：**老师可以给学生发一些宣纸或纸巾，让学生把相关内容写在上面，并准备一桶蓝色的水（代表过去或回忆），当学生写好后，一起把纸放在水中，看着纸上的字慢慢地消失。

**分享方向：**老师可以回顾整个课堂并联系主题进行分享。

我的教学感悟

## 253. 拥抱生命

**活动形式：**结束仪式感　　　**适用学段：**小学低年级　　　**适用场地：**教室

**适用主题：**环境适应、压力应对

**游戏规则：**

（1）老师让学生分享上完这节课的收获，如当回顾这节课时你有什么想法或感受吗。

（2）老师播放一段轻音乐并让学生跟随下面的引导语进行想象。

请将右手放在左胸上方，找一个舒服的姿势坐着，慢慢地闭上眼睛，静静地感受心脏的跳动。你感受到自己的心跳了吗？如果感受到了，请你点点头。心跳是生命的律动，是活力的象征。我们是快乐的、幸福的和积极向上的。现在，让我们打开双臂，拥抱自己，抱一抱这个温暖、柔软、鲜活的生命，感受生命拥有的能量。请大家慢慢地睁开眼睛。现在，你的身体有什么感觉？（学生自由回答。）

（3）总结。老师根据大家的回答进行总结。

**解析：** 老师可以让学生通过这个游戏学会以积极的心态面对生活。

**玩法变形：** 你可以自由发挥自己的创意。

**分享方向：** 老师对学生的收获给予适当的回应，并联系主题进行分享。

> 我的教学感悟

# 家庭作业

家庭作业是指老师给学生布置一些需要课后完成的作业，让他们在日常生活中运用课堂上学到的知识和技巧。这些作业也可以作为评价心理教课学效果的重要素材。

在心理课或团体辅导中，老师可以选择的家庭作业类型如下：体验与行动作业、冒险作业、人际关系作业、思考作业、书写作业、阅读和聆听作业等。

## 254. 真诚表白

**活动形式：** 家庭作业　　　**适用学段：** 小学高年级　　　**适用场地：** 教室

**适用主题：** 亲子关系

**游戏规则：**

（1）老师为学生布置如下家庭作业。

请你问爸爸、妈妈或其他家人，你说的哪些话和行为容易让他们感到很生气，同时也可以告诉他们，他们说的哪些话让你感到很难过。

（2）这个家庭作业也可以作为学生的人生作业，让学生思考怎样与父母相处。

**解析：**这个家庭作业可以放在学生在课堂上体验了家庭冲突或听到父母的内心独白后，这样能及时巩固教学效果。

**玩法变形：**对于高学段的学生，直接与父母对话可能会让他们觉得不习惯，老师可以让他们把问题写下来交给父母。

**分享方向：**老师根据大家玩游戏的过程、感受、自己的发现及需要关注的地方进行分享。

---

我的教学感悟

---

# 255. 公约签名

**活动形式：**家庭作业　　　**适用学段：**小学高年级　　　**适用场地：**教室

**适用主题：**网络成瘾

**游戏规则：**

（1）老师为学生布置如下家庭作业：请你与父母签订一份"健康用'机'公约"，全家共同约定一件事，比如"当××时，我就放下手机，让手机休息"。

（2）公约内容如下。

时间：晚饭后 2 小时

内容：不玩手机

惩罚：表演节目

特殊情况：可以接打电话

负责人：×××

参加人员：×××、×××、×××（家庭成员签名）

（3）对于家庭作业的完成情况，老师可以在下一次课堂上让学生进行分享。

**解析：**这个游戏属于课后拓展活动，目的是让学生与父母多沟通，针对健康上网进行正向沟通，营造和谐的家庭氛围。

**玩法变形：**你可以自由发挥自己的创意。

**分享方向：**关于家庭作业的完成情况，没有对错和好坏之分，关键在于亲子沟通的过程，目的是强化学生健康使用电子产品及合理安排时间的意识。

---

**我的教学感悟**

---

# 256. 感恩从现在做起

**活动形式：**家庭作业　　　**适用学段：**小学高年级　　　**适用场地：**教室

**适用主题：**感恩教育

**游戏规则：**

（1）老师为学生布置如下家庭作业。

第一周：每天起床后对着镜子里的自己说"加油，你很棒"。

第二周：在第一周任务的基础上，每天对自己身边的一个人说一句"谢谢你"（可以是同一个人，也可以是不同的人）。

第三周：在前两周任务的基础上，每天做一件好事。

（2）老师与学生约定在下次课或某个时候（如三周后）分享自己的感受。

**解析：**老师可以让大家从认可自己、感恩他人、帮助他人逐步展开感恩行动，家庭作业也应按照这个顺序展开。

**玩法变形：**对于高学段的学生，老师可以给每人发一个感恩小册子，要求大家每天发现一个自己的优点并记录下来、每天对一个人表达自己的感谢并写下原因、每天做一件好事并记录下来。

**分享方向：**老师对完成任务的学生给予表扬和鼓励，如果学生在完成任务的过程中遇到了困难，老师应给予指导。

我的教学感悟

"十四五"职业教育国家规划教材

名校名师精品
系列教材

Foundations of Computer
Network Technology

# 计算机
## 网络技术基础

### 微课版 | 第 2 版

杨云 ◎ 主编

人民邮电出版社
北 京

图书在版编目（CIP）数据

计算机网络技术基础：微课版 / 杨云主编.
2 版. -- 北京：人民邮电出版社，2025. --（名校名师
精品系列教材）. -- ISBN 978-7-115-67203-2

Ⅰ. TP393

中国国家版本馆 CIP 数据核字第 2025BY9492 号

## 内 容 提 要

本书以组网、建网、管网和用网为出发点，循序渐进地介绍网络基础知识、局域网组网技术、广域网技术、网络应用等内容。

全书共分为 3 篇：网络基础、局域网基础与应用、网络互连与网络应用。其中，网络基础篇包括 4 章内容，即计算机网络概论、计算机网络体系结构、数据通信基础、TCP/IP 协议族；局域网基础与应用篇包括 3 章内容，即局域网组网技术、交换式以太网与虚拟局域网、无线局域网；网络互连与网络应用篇包括 3 章内容，即局域网互连、广域网技术、网络应用。除第 9 章外，每章后面都附有源于工程实践的拓展训练，共计 18 个拓展训练。本书应用案例丰富、实用，拓展训练针对性强，操作步骤详细；同时提供了知识点微课和慕课，读者可随时扫描相关二维码进行学习。

本书可以作为应用型本科、职业本科、高职高专院校"理实一体化"的计算机网络技术基础课程的教材，也可供网络管理人员、网络爱好者以及普通网络用户参考使用。

◆ 主　编　杨云
　　责任编辑　马小霞
　　责任印制　王　郁　焦志炜

◆ 人民邮电出版社出版发行　北京市丰台区成寿寺路 11 号
　　邮编　100164　电子邮件　315@ptpress.com.cn
　　网址　https://www.ptpress.com.cn
　　三河市君旺印务有限公司印刷

◆ 开本：787×1092　1/16
　　印张：17.5　　　　　　　2025 年 8 月第 2 版
　　字数：443 千字　　　　　2025 年 9 月河北第 3 次印刷

定价：59.80 元

读者服务热线：(010)81055256　印装质量热线：(010)81055316
反盗版热线：(010)81055315